Hacia
niveles
avanzados

Composición por proceso y en contexto

Hacia niveles avanzados

Composición por proceso y en contexto

Brian N. Stiegler

Salisbury University

Carmen Julia Jiménez

Southern Adventist University

THOMSON

HEINLE

Australia • Brazil • Canada • Mexico • Singapore • Spain
United Kingdom • United States

Instructor's Edition Contents

To the Instructor

Introduction

Welcome to *Hacia niveles avanzados: Composición por proceso y en contexto*, a unique program for that difficult bridge course between the intermediate language level and upper-level content-based coursework! We are confident that you will find this text to be an invaluable tool in teaching students to write more effectively in Spanish and to improve proficiency levels in all skills, while at the same time introducing them to the intellectual richness of Spanish as an academic discipline. In the next few pages, we will introduce you to the vision behind the text, as well as present the principal components that the program uses to bring this vision to life.

Composition as a Bridge Course

Currently, throughout the discipline, there is considerable consensus on the best pedagogical practices in college-level introductory and intermediate language courses. This unity in vision typically ends with the fourth-semester intermediate language class. Some programs follow the intermediate level with a two-semester composition and conversation course, whereas others opt for a separate one-semester composition course, with conversation covered during a different course in the curriculum. *Hacia niveles avanzados* is designed to stand alone in the one-semester composition course and, because of its focus on writing and *speaking* about writing, can also be used in the combination conversation/composition course by supplementing with conversation texts such as Thomson Heinle's *Más allá de la pantalla.* For those grammar and composition courses, this program makes a perfect match with Thomson Heinle's *Manual de gramática.*

In most programs, the course serves as a bridge between the introductory/intermediate language course sequence and upper-level content-based courses. Students enrolled at this level have completed their general education requirements and are most likely continuing their studies of Spanish with plans to complete an academic minor or major. More than any other composition text currently on the market, *Hacia niveles avanzados* consciously and intentionally embraces the role as a bridge course by introducing students to Spanish as an academic discipline through chapter themes and readings. Therefore, students focus specifically on composition skills, continue to develop their other linguistic skills, and are also introduced to the content typically found in upper-level courses that follow in the minor or major sequence.

Moreover, many students who minor in Spanish will not take upper-level courses in all of the areas introduced by this text. Such will be the case especially in smaller programs, where upper-level coursework in applied and descriptive linguistics, for example, might well be underdeveloped. Instructors will be able to use this text to provide all students with a broad overview of the many facets of Spanish as an academic discipline. *Hacia niveles avanzados,* then, seeks to focus specifically on preparing major and minor students for upper-level content courses in the subdisciplines of Spanish in the United States, descriptive linguistics, culture and civilization, literature, applied linguistics, and Spanish for business or professional applications. In identifying the fields of study that comprise the entire discipline, the ACTFL/NCATE standards are very helpful and, as such, hold a privileged place in this text.

ACTFL/NCATE Standards

In 2002, the American Council on the Teaching of Foreign Languages (ACTFL), together with the National Council for the Accreditation of Teacher Education (NCATE), published a new set of standards by which to judge teacher education candidates in foreign languages nationwide. Beginning in 2004, college and university foreign language programs throughout the country that wish to maintain NCATE certification have needed to begin to document outcome-based assessment of these new

ACTFL/NCATE standards. The response to this new challenge among foreign language faculty members around the country has varied from panic, to stubborn resistance, to benign neglect, to active and engaged participation. Notwithstanding the reactions of individual faculty members, programs that wish to continue to certify future teachers of foreign languages through NCATE will have to adapt to the new standards.

The commonality to the curricular offering of the composition course, and its strategic role between the elementary/intermediate-level language course sequence and upper-level content-based courses, makes it the ideal location within the curriculum to actively embed the ACTFL/NCATE standards. Both the readings-based input of *Hacia niveles avanzados* and the composition-based output provide opportunities to begin assessing all language students' outcomes according to the ACTFL/NCATE standards. *Hacia niveles avanzados,* therefore, serves the dual purpose of filling a critical place in the curriculum of the composition course while also integrating the ACTFL/NCATE standards into the curriculum and providing automatic outcome-based assessment opportunities for programs to help them to satisfy the new NCATE requirements.

The ACTFL/NCATE standards are not only applicable to teacher education students. Although some programs may not choose to assess the outcomes of nonteacher education students according to the ACTFL/NCATE standards, introducing students to these concepts can provide a critical structure to help faculty and students articulate a coherent philosophical and pedagogical understanding of the learning goals of the entire undergraduate Spanish program. Many undergraduate Spanish majors and minors can only identify their academic goals in their chosen discipline with such vague and indefinable notions as "I want to be fluent" or "I want to be bilingual." The ACTFL/NCATE standards provide a structure and a language to help both faculty and students articulate more precisely what should be the linguistic and content goals for all college-level academic majors in Spanish.

A focus on the college-level academic major in a foreign language makes the ACTFL/NCATE standards more specifically appealing to college and university faculty than other national standards. For example, the National Standards (Communication, Culture, Communities, Comparisons, and Connections) first published in 1996 by ACTFL and the individual national language associations (AATSP, AATF, AATI, AATG, etc.) set standards for language education throughout the entire education system—K–16. Some undergraduate programs have opted to embrace these standards. However, the goals for a four-year college academic major must be extracted from the larger K–16 comprehensive goals. Moreover, a program with both teacher education students and traditional Spanish majors may now find itself using two different sets of standards to assess different types of students in the same undergraduate major—the national standards for traditional majors and the ACTFL/NCATE standards for teacher education majors.

The ACTFL Proficiency Guidelines, which are central to the ACTFL/ NCATE standards, by themselves are not specific to a college academic major. Proficiency, as defined by the Guidelines, can be gained inside the classroom or outside the classroom, in any environment. Therefore, although they are invaluable as a component of a more specific set of goals for a college-level student of Spanish, on their own they do not provide a comprehensive structure to assess outcomes of a four-year college program.

By structuring its thematic concepts around the ACTFL/NCATE standards, *Hacia niveles avanzados* provides students with a common set of achievable goals as they continue toward an academic major or minor in Spanish. Of the six NCATE standards, the program focuses primarily on Standards 1, 2, 3, and 6:

Standard 1: Language, Linguistics, Comparisons

Standard 2: Cultures, Literatures, Cross-Disciplinary Concepts

Standard 3: Language Acquisition Theories and Instructional Practices

Standard 4: Integration of Standards into Curriculum and Instruction

Standard 5: Assessment of Languages and Cultures

Standard 6: Professionalism

Standards 4 and 5 are the most applicable exclusively to teacher education students. They are also the standards most likely to be explored in the students' education courses, instead of their Spanish courses. For these reasons, their importance is minimized in *Hacia niveles avanzados*. Chapter 1 introduces the ACTFL/NCATE standards as a whole and makes the argument as to the relevance of these particular standards for all students of Spanish, not just teacher education students. Chapter 2 presents Standard 1. Standard 2 is split between Chapters 3 and 4, one chapter on cultures and the other on literatures. Chapter 5 covers Standard 3. Finally, Chapter 6 focuses mainly on Standard 6 with a mention of the skipped Standards 4 and 5.

It is important to note that, although *Hacia niveles avanzados* is structured around the ACTFL/NCATE standards for all of the reasons mentioned previously, it is also intentional in its presentation to students of both the ACTFL Proficiency Guidelines as well as the 5 Cs of the National Standards. Once again, because the text openly embraces its role as a bridge between the lower-level language courses and upper-level content-based courses, it provides the ideal forum to show students for the first time, or to remind them, how the academic discipline assesses their progress in their ongoing acquisition of Spanish.

Organization of the Text

Hacia niveles avanzados features six chapters, each organized around (1) a theme that arises from one of the ACTFL/NCATE standards and (2) a particular mode of writing. Each chapter is divided into five major sections: **Criterios de NCATE, Frente a la disciplina, Composición, Frente a la composición escrita,** and **Frente a la composición oral.** Each of these major sections is described below. Additional components that are embedded in the major sections are also described. These components include **Estrategias, Consultorio gramatical, Conversaciones sobre el tema,** and **Diario de reflexiones.**

● Criterios de NCATE

Each chapter begins with the **Criterios de NCATE** section. This section of the chapter opener presents the NCATE standard that forms the thematic basis for the chapter. The presentation of the NCATE standard is always meant for the general Spanish student because the text works from the position that the NCATE standards are applicable to Spanish majors and minors and secondary education majors alike. The themes, as they are presented by the NCATE standards, provide a unifying element to the writing, reading, speaking, and listening sections of the program. They also allow for exploration of content-based material in culture and civilization, literature, and linguistics that make up the majority of upper-level coursework for students who pursue a minor or major in Spanish.

● Frente a la disciplina

Immediately following **Criterios de NCATE** is **Frente a la disciplina.** This major chapter section features an original reading that presents a general introduction to the subdiscipline of Spanish that emerges from the NCATE standard of the chapter. Prior to the reading, **Léxico temático** presents high-frequency vocabulary that appears in the reading. Lower-frequency vocabulary that might be difficult for students is glossed. Pre-reading and postreading exercises help students extract the most possible from these brief introductions to Spanish as an academic discipline. The reading activities provide students with opportunities for oral practice in pairs and small groups.

● Composición

The **Composición** section is the center of each chapter. Six compositions covering six major modes of writing—description, correspondence, reporting, narration, exposition, and argumentation—are spread across the six chapters. The writing assignments are sequenced beginning with intermediate-level functions according to the ACTFL Proficiency Guidelines (description, correspondence, reporting), passing through the advanced-level functions (narration, exposition), and ending with the superior-level function (argumentation). It is critical to build students' confidence at this "bridge" level by fine-tuning writing tasks before launching into advanced- and superior-level functions. Once again, the text always clearly explains to students at what level they are working according to the ACTFL Proficiency Guidelines.

The composition sections intentionally lead students through writing as a process with outlines and multiple drafts. Instructors can be flexible about which stages of the process, or **Pasos,** on which they would like to focus in each chapter. Whereas the text presents peer editing as a component in the writing process, it also allows for individual instructors to assess drafts in other ways (e.g., author self-editing, instructor editing). The key is to insist that students write in drafts. A final important flexibility is the ability to convert any one of the composition assignments into a formal oral presentation. Although some chapters are more intentionally designed as oral presentations, any of the compositions can be made into presentations at the discretion of the instructor.

In addition to the focus on writing as process, the **Composición** section of *Hacia niveles avanzados* features **Estrategias de escritura.** There are multiple writing strategies featured in each chapter. The strategies are meant to be practical and applicable ideas that students can utilize immediately in their writing.

● Frente a la composición escrita

As the subtitle of *Hacia niveles avanzados: Composición por proceso y en contexto* suggests, the text does not present process writing in a vacuum. There are two substantive readings in each chapter that emerge from the ACTFL/NCATE standard featured in that chapter. The first is the original reading introducing a subdiscipline in **Frente a la disciplina.** The second reading is presented in **Frente a la composición escrita.** Here students read a primary source document that has been selected with two goals in mind: (1) to further explore the theme of the subdiscipline presented in **Criterios de NCATE** and **Frente a la disciplina** and (2) to model the mode of writing presented in **Composición.** In Chapter 2, for example, the excerpt from *Los amigos que perdí* by Jaime Bayly is a model of a personal correspondence, the writing mode presented in the chapter, and the pre- and postreading activities focus on a linguistic analysis of the Spanish used in the letter, since the subdiscipline featured is descriptive linguistics.

Because the chapters are organized based on the ACTFL/NCATE standards, the readings are far more diverse than those found in other composition texts. The primary sources include literary readings, journalistic articles, and scholarly papers on the subdisciplines presented in **Frente a la disciplina.** The connection between reading and writing is commonplace in composition texts. In this way, *Hacia niveles avanzados* is not unique. However, the most common model followed at this level is the inclusion of multiple short readings, frequently excerpts from print media. While other texts focus exclusively on literary readings, the readings in *Hacia niveles avanzados* are fewer, longer, more complicated, and more representative of the kind of reading students are expected to do in coursework beyond the fifth semester. The primary source documents in **Frente a la composición escrita** can be challenging readings. However, they are presented to students in a way that is level-appropriate, with prereading activities, vocabulary lists and exercises, glosses of difficult words, postreading comprehension questions, and follow-up activities. The activities surrounding the readings encourage small group and pair work, interpersonal communication, and oral practice.

Moreover, *Hacia niveles avanzados* also presents reading strategies in each chapter that help teach students how to read in Spanish. In short, the students are well-supported as they learn *how* to read longer and more complicated texts in preparation for the expectations that they read at that level independently in the upper-level civilization, literature, and linguistic courses that follow in virtually all Spanish undergraduate programs.

● Frente a la composición oral

The final major section to each chapter is **Frente a la composición oral.** The inclusion of listening activities in every chapter also distinguishes *Hacia niveles avanzados* from other programs. **Frente a la composición oral** serves a variety of purposes: It models oral speech reflective of the writing mode presented in the chapter; it provides further input on the NCATE standard theme of the chapter; and it continues to develop the most difficult of the passive linguistic skills, listening comprehension.

● Estrategias

Three separate strategies are presented throughout each chapter. Each chapter contains two **Estrategias de lectura,** two **Estrategias de escritura,** and one **Estrategias orales.** These strategies are designed to help students read, write, and speak better. Many of the strategies are simple hints and tips that have emerged from years of experience helping learners to manage and negotiate their linguistic limitations and deficiencies in order to perform at their highest possible level given their still developing proficiency.

● Consultorio gramatical

Although *Hacia niveles avanzados* is, intentionally, not designed as a grammar review text, any effort to improve writing must take into account those grammatical issues that cause most trouble to learners. Each **Composición** section, therefore, includes two **Consultorio gramatical** sections supported by **Atajo 4.0: Writing Assistant for Spanish** and helpful iRadio audio lessons on different aspects of grammar (**www .thomsonedu.com/spanish**). The **Consultorio gramatical** sections also direct students to the companion website (**www.thomsonedu.com/spanish/ hacianivelesavanzados**) where they can complete additional exercises to practice the grammatical point under review. These online exercises are self-graded and, therefore, particularly efficient as out-of-class homework assignments that can be incorporated into the syllabus at the discretion of individual instructors.

The grammar included in each chapter is that which is most applicable to accomplishing tasks in each of the six writing modes. The grammar also increases in difficulty along with the rest of the text as it progresses from intermediate- to superior-level functions on the ACTFL Proficiency Guidelines. With two **Consultorio gramatical** sections per chapter, there are, on average, six original online grammar exercises per chapter, three exercises for each grammar point. Instructors who choose to spend more time on the grammar might use the **Consultorio gramatical** sections as points of departure for in-class grammar presentations.

● Conversaciones sobre el tema

Although it is common for texts at this level to have a composition and conversation approach, *Hacia niveles avanzados* is one of the only texts on the market to offer consistent conversation practice as an integral component of process-based *writing* presentation. In the **Composición** section of each chapter, **Paso 4** is always **Conversaciones sobre el tema.** This section aims to focus students' attention specifically on the development of their interpersonal oral skills. Using tips and hints from the **Estrategias**

orales, students engage in creative conversations that help them further develop the ideas about which they are writing in each chapter.

● Diario de reflexiones

Finally, students are provided opportunities throughout each chapter to write freely in the section titled **Diario de reflexiones.** Unlike the structured task in the **Composición** section, which leads students through the steps of the formal writing process, the **Diario de reflexiones** allows students to write spontaneously and privately without the anxiety caused by the expectation of the assessment of grammatical and lexical accuracy. Instructors can assign all of these free-writing assignments or just select a few according to their needs. The free-writings also can be done at home or in class, based on the needs of the course or the students.

● Online Answer Key

Students' engagement with and comprehension of the material in *Hacia niveles avanzados* can be gauged by assigning them any number of the individual and group activities present throughout each section of the book. Answers to many of these activities can be found in the instructor section of the book companion site at **www.thomsonedu.com/spanish/hacianivelesavanzados.**

Conclusion

Hacia niveles avanzados offers a real alternative to Spanish programs and instructors who teach composition. It provides a unique opportunity for programs to include in a conscious manner the new ACTFL/NCATE standards in their curricula, as well as to provide built-in opportunities to accumulate outcome assessment that can be used during the NCATE certification process for teacher education programs. For instructors, it represents a unique opportunity to teach the composition course as a bridge course that prepares students for the content to which they will be exposed in upper-level courses that follow. It introduces students to the ACTFL Proficiency Guidelines, the NCATE standards, and the National Standards. It incorporates all four skills into the writing process, including speaking and listening components often neglected in the composition course. For all of these reasons, *Hacia niveles avanzados* provides an effective bridge between basic-level language courses and upper-level courses for the minor and major.

Brian N. Stiegler
Carmen Julia Jiménez

Program Components

Heinle Voices: *Selecciones literarias en español*

This customizable literary database allows you to choose the readings you want and need for your course. Based on the best-selling literature anthologies, *Voces de Hispanoamérica* and *Voces de España,* the **Heinle Voices** collection offers an easy and affordable way to bring literature into any classroom.* Visit **www.textchoice.com/voices** to learn more.

Guía básica de la crítica literaria y el trabajo de investigación

Guía básica de la crítica literaria y el trabajo de investigación combines both the theory of literary criticism and the practicality of how to write a literary research paper into a single text. Divided into three major sections—literary criticism; the literary research paper; and a section on terminology for discussing narrative, poetry, drama, and essay—this brief guide can be used by *any* student working with literature written in Spanish. 1-4130-1468-2

Atajo 4.0: Writing Assistant for Spanish

This powerful program—a 2005 Codie Awards Finalist for excellence in educational technology—combines the features of a word processor with databases of language reference material; a searchable dictionary featuring the entire contents of **Merriam-Webster's® Spanish-English Dictionary;** a verb-conjugating reference; and audio recordings of vocabulary, example sentences, and authentic samples of the language. It is simply the best investment for anyone learning to write in Spanish! 1-4130-0060-6

---

*In **Capítulo 4,** for example, you will find a suggestion for the alternative reading "Clarissa" by Isabel Allende. This short story by the internationally acclaimed Chilean author about an elderly woman and her youthful maid is a powerful narrative on the strength and power of women.

Heinle iRadio

 Whether walking to class, doing laundry, or studying at their desks, students now have the freedom to choose when, where, and how they interact with their MP3-ready, audio-based educational media! **Heinle iRadio** allows students to select from any of 20 audio-based Spanish-language tutorials (10 on discrete grammar structures and 10 on pronunciation). They may listen to them while on their computers, download the MP3 to their hard drives, or feed the MP3s directly to their media players. Audio lessons not only improve students' grammar and pronunciation but also hone their listening skills in general. To learn more, visit us online at **www.thomsonedu.com/spanish.**

Turnitin® Originality Checker

 Turnitin helps your students learn effective use of sources and helps you confirm originality before reading and grading papers. **Turnitin** quickly checks student papers against billions of pages of Internet content, millions of published works, and millions of student papers and within seconds generates a comprehensive originality report. **Turnitin** also gives you the option of allowing your students to verify their own work before turning in their assignments. And because it's completely Web-based, **Turnitin** requires no installation of additional software. Visit **www.thomsonedu .com/turnitin** to view a demonstration and request your 30 day trial.

Merriam-Webster's® Spanish-English Dictionary

 *Not available sold separately.* **Merriam-Webster's Spanish-English Dictionary** is a completely new dictionary designed to meet the needs of English and Spanish speakers in a time of ever-expanding communication among the countries of the Western Hemisphere. It is intended for language learners, teachers, office workers, tourists, business travelers— anyone who needs to communicate effectively in the Spanish and English languages as they are spoken and written in the Americas. This new dictionary provides accurate and up-to-date coverage of current vocabulary in both languages, as well as abundant examples of words used in context to illustrate idiomatic usage. The selection of Spanish words and idioms is based on evidence drawn from a wide variety of modern Latin American sources and interpreted by trained Merriam-Webster bilingual lexicographers. The English entries were chosen by Merriam-Webster editors from

the most recent Merriam-Webster dictionaries, and they represent the current basic vocabulary of American English. 0-87779-916-4

Typing Accents for Spanish Bookmark

This laminated bookmark includes keyboard instructions on how to type in accents for both Macintosh® and Windows® computers, making this tool invaluable for anyone composing on the computer. 0-7593-0659-1

Hacia niveles avanzados

Composición por proceso y en contexto

Hacia niveles avanzados

Composición por proceso y en contexto

Brian N. Stiegler

Salisbury University

Carmen Julia Jiménez

Southern Adventist University

THOMSON
™
HEINLE

Australia • Brazil • Canada • Mexico • Singapore • Spain
United Kingdom • United States

Hacia niveles avanzados:
Composición por proceso y en contexto
Brian N. Stiegler / Carmen Julia Jiménez

Editor in Chief: *PJ Boardman*

Senior Acquisitions Editor: *Helen Alejandra Richardson Jaramillo*

Assistant Editor: *Meg Grebenc*

Editorial Assistant: *Natasha Ranjan*

Managing Technology Project Manager: *Wendy Constantine*

Associate Technology Project Manager: *Rachel Bairstow*

Executive Marketing Manager: *Stacy Best*

Marketing Manager: *Lindsey Richardson*

Senior Marketing Assistant: *Marla Nasser*

Senior Marketing Communications Manager: *Stacey Purviance*

Associate Content Project Manager: *Jennifer Kostka*

Senior Art Director: *Cate Rickard Barr*

Print/Media Buyer: *Betsy Donaghey*

Permissions Manager: *Ron Montgomery*

Permissions Researcher: *Ignacio Ortiz Monasterio*

Production Service/Compositor: *Newgen*

Text Designer: *Denise Hoffman*

Photo Manager: *Sheri Blaney*

Photo Researcher: *Jill Engebretson*

Cover Designer: *Brenda Duke*

Text/Cover Printer: *Thomson West*

Cover Photo: © 2006 Frank Lloyd Wright Foundation, Scottsdale, AZ/Artists Rights Society (ARS), NY; photography: SuperStock, Inc.

Every effort has been made to verify the authenticity and sources of URLs listed in this book. All URLs were correctly linked to their websites at the time of publication. Due to the quickly evolving nature of the Internet, however, it is possible that a link may break or a URL may change or become obsolete. Should you discover any inconsistencies, please contact http://www.thomsonedu.com/support and a correction will be made for the next printing.

Printed in the United States of America
1 2 3 4 5 6 7 10 09 08 07 06

Thomson Higher Education
25 Thomson Place
Boston, MA 02210-1202
USA

For more information about our products, contact us at:
Thomson Learning Academic Resource Center
1-800-423-0563

For permission to use material from this text or product, submit a request online at
http://www.thomsonrights.com
Any additional questions about permissions can be submitted by e-mail to
thomsonrights@thomson.com

Library of Congress Control Number: 2006932520

ISBN-10: 1-4130-2998-1
ISBN-13: 978-1-4130-2998-7

Credits appear on pages 209–210, which constitute a continuation of the copyright page.

Contents

CAPÍTULO TRES   EL REPORTAJE PERIODÍSTICO

La diversidad cultural en el mundo hispanohablante   58

CAPÍTULO CUATRO LA NARRACIÓN

La literatura en el mundo hispanohablante 88

CAPÍTULO CINCO LA EXPOSICIÓN

La lingüística aplicada 118

CAPÍTULO SEIS   LA ARGUMENTACIÓN
El español y el mundo profesional   156

To the Student

Hacia niveles avanzados features six chapters, each organized around a theme and a particular mode of writing. Each chapter theme introduces you to the content of courses dealing with culture and civilization, literature, and linguistics that will make up the majority of upper-level coursework should you pursue a minor or major in Spanish. Six compositions/presentation assignments covering six major modes of writing—description, correspondence, reporting, narration, exposition, and argumentation—are spread across the six chapters.

● Compositions

The composition sections intentionally lead you through writing as a process with outlines and multiple drafts. The key to your learning is that you write in drafts.

In addition to the focus on writing as process, the composition sections of *Hacia niveles avanzados* are full of strategies. There are multiple writing strategies featured in each chapter. The strategies are meant to be practical and applicable ideas that you can utilize immediately in your writing.

Finally, you are provided with opportunities throughout each chapter to write freely in the section titled **Diario de reflexiones**. Unlike the structured main writing activities in each chapter that lead you through the steps of the formal writing process, these sections allow you to write spontaneously and privately without worrying about a grade.

● Conversations

The writing process features conversation activities. *Hacia niveles avanzados* offers consistent conversation practice as an essential piece of the *writing* process. Because conversational exercises are embedded in the writing process, each chapter also features strategies for oral communication. Like the writing strategies, these oral strategies are meant to help you to communicate immediately and more effectively. Outside the formal writing process, the structured readings also feature ample opportunity for small group and pair work, so you are constantly connecting reading with speaking as well as writing with speaking. The interconnectivity between the active skills of writing and speaking is evident, and *Hacia niveles avanzados* intentionally takes advantage of this parallel.

● Readings

As the subtitle of *Hacia niveles avanzados: Composición por proceso y en contexto* suggests, the text does not present process writing in a vacuum. There are two readings in each chapter. The first introduces one of the main subfields of Spanish as an academic discipline: Spanish in the United States, linguistics, culture and civilization, literature, and Spanish for professional purposes. After reading about a particular subfield, you'll then read a primary-source document that explores an idea that emerges from the field. The primary sources include literary readings, journalistic articles, and even scholarly writing.

Both the primary-source document and the original presentation of the subfield can be challenging readings. However, they are presented to you in a way that is level-appropriate, with prereading activities, vocabulary lists and exercises, glosses of difficult words, postreading comprehension questions, and follow-up activities to maximize your understanding. Moreover, *Hacia niveles avanzados* also presents reading strategies in each chapter that help teach you how to read in Spanish.

● Listening

Another feature of *Hacia niveles avanzados* is the inclusion of listening activities in every chapter. The **Frente a la composición oral** section that concludes each chapter serves a variety of purposes: It models different sorts of speech, it further develops the theme of the chapter that provides the context for your writing, and it continues to develop listening comprehension.

● Grammar

A short presentation of tricky grammatical points is made in the sections titled **Consultorio gramatical.** The grammar included is that which is most applicable to accomplishing each of the six writing tasks. Instead of taking up space with long presentations of grammar, instead you are directed to the corresponding sections of the **Atajo 4.0 Writing Assistant for Spanish** or to iRadio lessons (**www.thomsonedu.com/spanish**). Furthermore, additional practice is available on the companion website (**www.thomsonedu.com/spanish/hacianivelesavanzados**). With two Con-

sultorio gramatical sections per chapter, there are, on average, six original practice grammar exercises per chapter, three exercises for each grammar point. The Internet exercises are self-correcting and, therefore, very easy for you to know where you need the most help and where you don't.

Conclusion

Hacia niveles avanzados will prepare you for the content to which you will be exposed in upper-level courses that will follow in the program. It introduces the ACTFL Guidelines, the NCATE standards, and the national standards. It incorporates all four skills into the writing process, including speaking and listening components often neglected in most composition courses. For all of these reasons, *Hacia niveles avanzados* provides an effective bridge between basic-level language courses and upper-level courses for the minor and major.

Acknowledgments

Many friends and colleagues provided valuable input on different sections of the manuscript, especially on the **Frente a la disciplina** readings. We especially thank Dr. Lisa Noetzel, Dr. Joaquin Vilá, Professor Damarys López, Dr. Arlene White, Dr. Louise Detwiler, Dr. Carlos Parra, and Professor José A. Larrauri.

Brian is grateful to the Department of Modern Languages, the Fulton School of Liberal Arts, the Faculty Welfare Committee, and the administration at Salisbury University for supporting the 2005 sabbatical leave during which so much of this manuscript was written.

We also thank the reviewers who read early drafts of the manuscript and provided invaluable feedback

Ann Becher, *University of Colorado–Boulder*

Glen Carman, *DePaul University*

Anna G. Diakow, *Northwestern University*

Terri A. Greenslade, *Indiana University*

Devin L. Jenkins, *University of Colorado at Denver*

Gizella Meneses, *The Catholic University of America*

Lisa M. Noetzel, *Washington College*

Mirta E. Pimentel, *Moravian College*

Esther Venable, *Colorado State University*

We offer our particular thanks to Helen Alejandra Richardson at Thomson Heinle who has shepherded this project from its very infancy through to completion. In every possible way, it would not have been possible without her hard work and her belief and commitment to our vision.

We are also grateful to the many committed professionals at Thomson Heinle who helped turn a manuscript into a finished product, including Jennifer Kostka, Sheri Blaney, and Meg Grebenc.

We thank all of our students in our intermediate composition classes over the years who have taught us so much about teaching and learning at this important transitional level.

Finally, we thank our families. For all of the times you made do without a husband, wife, mother, father so that this project could see the light of day. ¡Los queremos mucho Ángel, Jennifer, Liana, Victor, Aaron, Amy y Pepito!

Brian N. Stiegler
Carmen Julia Jiménez

Program Components

● Heinle iRadio

Whether walking to class, doing laundry, or studying at your desk, you now have the freedom to choose when, where, and how you interact with your MP3-ready, audio-based educational media! **Heinle iRadio** allows you to select from any of 20 audio-based Spanish-language tutorials (10 on tricky grammar structures and 10 on pronunciation). You may listen to them while on your computer, download the MP3 to your hard drive, or feed the MP3 directly to your media player. Audio lessons not only improve your grammar and pronunciation, but also your listening skills in general. To purchase, visit **www.thomsonedu.com/spanish.**

● Atajo 4.0: Writing Assistant for Spanish

This powerful program—a 2005 Codie Awards Finalist for excellence in educational technology—combines the features of a word processor with databases of language reference material; a searchable dictionary featuring the entire contents of **Merriam-Webster's® Spanish-English Dictionary;** a verb-conjugating reference; and audio recordings of vocabulary, example sentences, and authentic samples of the language. It is simply the best investment for anyone learning to write in Spanish! **1-4130-0060-6**

CAPÍTULO UNO

Los hispanohablantes en los Estados Unidos

En este capítulo se proveen dos muestras de redacción descriptiva relacionadas con el tema de actualidad de los hispanohablantes en los Estados Unidos. También se motiva la reflexión sobre las ideas que se tienen sobre ese tema. Dado que el propósito final de este capítulo es que usted escriba o presente oralmente su propia descripción, también se introducen algunas características que definen una descripción.

En cuanto a la denominación hispanohablante, se ha preferido utilizar el término *hispanohablante* en lugar del vocablo *hispano* o *latino*. Para algunos, la palabra *latino* hace referencia al imperialismo del imperio romano, mientras que para otros, *hispano* alude al dominio español y a la brutal conquista que se llevó a cabo. A ambos términos se les acusa de ser excluyentes porque no toman en cuenta el origen de las poblaciones con herencia indígena o africana. Hay una tendencia en los Estados Unidos a usar el término *hispano* en cuestiones relacionadas con el censo y la etnia. El término *latino*, por otra parte, se suele usar más para describir los aspectos culturales de esa comunidad. El término *hispanohablante* hace referencia a cualquier persona de habla española.

Criterios de NCATE

NCATE son las siglas en inglés para el *National Conference on Assessment of Teacher Education.* En pocas palabras, es la autoridad que establece los criterios sobre lo que deben saber los estudiantes universitarios que quieren ser maestros en las escuelas públicas en los Estados Unidos. Hay criterios de NCATE para los que quieren enseñar historia, inglés, matemáticas, inclusive educación primaria. Para determinar qué necesitan saber los que quieren ser maestros de lenguas extranjeras en escuelas secundarias, NCATE consultó con ACTFL (*American Council on the Teaching of Foreign Languages*) para establecer los criterios necesarios. Cada capítulo en este texto presenta una descripción de una parte de esos criterios.

Ahora bien, si es evidente la importancia de esos criterios para los que estudian para enseñar español en las escuelas públicas, ¿qué relevancia tienen para los estudiantes de español que no tienen esa meta? La respuesta es tan elemental como significativa: los criterios de NCATE y ACTFL representan el catálogo más completo de lo que debe saber un buen estudiante de español a nivel universitario. Los estudiantes de español deben tener la misma oportunidad de aprender todo lo posible sobre la lengua española y el mundo hispanohablante durante su estancia en la universidad. ¿Cómo se mide el éxito? ¿Cómo se sabe si usted ha aprendido todo lo que debería saber? Los criterios de NCATE y ACTFL son la mejor medida objetiva que existe para ayudarlo a determinar el progreso de su dominio de la disciplina del estudio de español y del mundo hispanohablante.

Por consiguiente, usted encontrará al principio de cada capítulo una descripción de uno de los criterios de NCATE junto a un análisis de cómo cada capítulo lo ayuda a desarrollar competencias en esa área de la disciplina definida por los criterios de NCATE y ACTFL.

FRENTE A LA DISCIPLINA

Léxico temático

agregar *to add to*
la apariencia *appearance*
la beca *scholarship*
becado(a) *having received a scholarship*
beneficiar *to benefit*
los bienes *goods*
los cargos *jobs*
los documentados *legal immigrants*
las empresas *companies*
encajar(se) *to fit; to fit in*
los gastos *costs*
los indocumentados *illegal immigrants*

los medios *means*
los mestizos *people of mixed Native American and European ancestry*
los mulatos *people of mixed African and European ancestry*
otorgar *to give; to grant*
PIB (producto interno bruto) *GNP (gross national product)*
la procedencia *origin*
proceder de *to come from*
los salarios *salaries*
variar *to vary*

1.1 Ejercicio léxico Empareje las palabras en la columna de la izquierda con las definiciones correctas en español en la columna de la derecha.

1. proceder de	a. no quedarse igual
2. encajar(se)	b. dar
3. PIB	c. poner una cosa más
4. indocumentado	d. uso de dinero para pagar
5. mulato	e. gobernar; dominar
6. gasto	f. venir o ser de cierto lugar
7. otorgar	g. estar bien ajustado; ir bien
8. agregar	h. inmigrante sin documentación legal
9. variar	i. mezcla de ascendencia europea y africana
10. imperar	j. actividad económica de un país

1.2 Más práctica léxica Busque en su diccionario palabras o definiciones para sustituir las palabras que se encuentran en cursiva (*italics*).

1. Entre los que vienen se encuentran hombres y mujeres de origen rural y urbano y *apariencia* indígena que vienen a trabajar en fincas y,

por ejemplo, a estudiar en prestigiosas universidades, ya sea *becados* o con *medios* propios o a ocupar importantes *cargos* en agencias gubernamentales y en *empresas* privadas.

2. También se encuentran hombres y mujeres negros y *mulatos* que vienen principalmente del Caribe, de donde, por supuesto, también vienen personas con apariencia de *mestizos* o europeos.

3. Todos éstos vienen, al igual que muchos centroamericanos y suramericanos, como refugiados políticos, deportistas profesionales o empresarios, o por ser víctimas de las realidades políticas o económicas *apremiantes*.

4. Los rasgos físicos *varían,* así como los motivos por los que vienen y los lugares de *procedencia*.

5. Muchos inmigrantes, documentados e indocumentados, contribuyen económicamente en los Estados Unidos, no sólo prestando *bienes* y servicios que muchas veces miembros de otros grupos étnicos no quieren ofrecer, sino también *beneficiando* con el poder de sus *salarios* la actividad económica total del país. Se estima que la contribución económica de los trabajadores indocumentados al PIB de Estados Unidos es de billones de dólares.

 1.3 Antes de leer Discuta estas preguntas primero en pequeños grupos y, luego, con toda la clase.

1. Trate de describir en sus propias palabras la definición de la palabra *estereotipo*. ¿Es un estereotipo siempre algo malo? ¿Son los estereotipos siempre falsos?

2. Mencione características de ciertos estereotipos para diferentes grupos étnicos, incluyendo el de los hispanohablantes. ¿En qué se diferencian los estereotipos sobre los hispanohablantes de los estereotipos sobre los japoneses?, ¿y de los indígenas americanos?, ¿y de los ingleses?, ¿y de los afroamericanos?, ¿y de los angloamericanos?

3. En su opinión, ¿cuáles son las consecuencias de la creación de los estereotipos? ¿Podemos aprender algo positivo de los estereotipos? ¿Nos enseñan los estereotipos aspectos importantes sobre personas de diferentes grupos étnicos? ¿Por qué se crean los estereotipos?

4. ¿Conoce a algún inmigrante? ¿De dónde es? ¿Cómo conoció a esa persona? ¿Refleja ese individuo las características estereotipadas de su grupo étnico? ¿De qué manera?

5. ¿Por qué vienen los hispanohablantes a los Estados Unidos? ¿Vienen todos por la misma razón?

6. ¿De cuáles países proceden principalmente? ¿Por qué? ¿Hay diferencias entre los hispanohablantes que vienen de diferentes países? ¿Cuáles son? ¿En qué se parecen?

7. ¿De dónde procede la mayoría de los hispanohablantes que viven en su comunidad? ¿A qué se dedican? ¿Qué influencia o impacto tienen los hispanohablantes en su comunidad? ¿Es una influencia positiva o negativa? ¿Por qué? ¿Qué problemas causa la llegada de estos inmigrantes a su región? ¿Qué ofrecen ellos?

ESTRATEGIAS de lectura

Evitar la traducción literal

Durante el proceso de aprender español, en muchas ocasiones usted leerá textos que tienen mucho más vocabulario que el que usted domina completamente. No se alarme. No es necesario entender cada palabra para poder comprender un texto. Si no entiende una palabra, antes de recurrir al diccionario, intente usar las otras palabras en esa oración o en ese párrafo para que lo ayuden a descifrar el significado de la palabra desconocida. También puede leer todo el texto, de principio a fin, antes de usar el diccionario. Luego puede volver a leer el texto otra vez y, entonces, buscar sólo las palabras que necesita para entender ese párrafo o sección que no puede llegar a entender usando otras palabras en el contexto.

Los hispanohablantes en los Estados Unidos

Llevan sombrero; tienen la piel oscura, el cabello lacio; son de baja estatura; echan la siesta y caminan montados en un burro. Sí, ésas son algunas de las principales características que se les otorga a los hispanohablantes que vienen a los Estados Unidos. Varias de ellas son ciertas, en muchas instancias. Sin embargo, hay otras facetas de los hispanohablantes que no se toman en cuenta. Siendo ésta una descripción estereotipada, excluye parte de la población que desde México hasta la Argentina viene a los Estados Unidos. Esa descripción también revela prejuicios basados en una valorización étnica. Pero los estereotipos están muy arraigados° y también imperan° entre los hispanohablantes mismos. Así lo manifiestan las palabras de una hispanohablante.

rooted
rule

Soy mulata y provengo de Puerto Rico. Soy una profesional. Cuando interactúo con los estadounidenses, frecuentemente mencionan que sólo mi acento revela que soy latina. Lo peor es que cuando me encuentro con un hispanohablante desconocido, trata siempre de hablarme en inglés. No conformo el estereotipo tradicional y siento que no encajo en ningún lugar. (Julia Ayala)

Entre los que vienen se encuentran hombres y mujeres de origen rural y urbano y apariencia indígena que vienen a trabajar en fincas y, por ejemplo, a estudiar en prestigiosas universidades, ya sea becados o con medios propios o a ocupar prestigiosos cargos en agencias gubernamentales y en empresas privadas. También se encuentran hombres y mujeres negros y mulatos que vienen principalmente del Caribe, de donde, por supuesto, también vienen personas con apariencias de mestizos o europeos. Todos éstos vienen, al igual que muchos centroamericanos y suramericanos, como refugiados políticos, deportistas profesionales o empresarios, o por ser víctimas de las realidades políticas o económicas apremiantes.°

pressing

Los rasgos físicos varían, así como los motivos por los que vienen y los lugares de procedencia. Lo que es un hecho incuestionable es que, en los Estados Unidos, los hispanohablantes se han convertido en el grupo minoritario con mayor número de miembros, con un tremendo impacto cultural y económico. Ese impacto es notable en el renglón económico. Muchos inmigrantes, documentados e indocumentados, contribuyen económicamente en los Estados Unidos, no sólo prestando bienes y servicios que muchas veces miembros de otros grupos étnicos no quieren ofrecer, sino también beneficiando con el poder de sus salarios la actividad económica total del país. Se estima que la contribución económica de los trabajadores indocumentados al PBI de los Estados Unidos es de billones de dólares.

Según el *U.S. 2000 Census* en ese año, el 12% de la población total de los Estados Unidos era de origen hispano, lo que equivalía a 35.5 millones de personas. Se estima que en 2050 ese número se convertirá en el 24.5% del total de la población. Se espera que su impacto económico y cultural sea aún mayor y, lo que es aún mejor, que ese impacto económico positivo se incorpore a las características que definen el estereotipo que se tiene de ellos.

No es sólo con su poder económico que los hispanohablantes están beneficiando a los Estados Unidos. En el campo cultural han llegado a tener una importancia incuestionable. La música es un área donde la influencia latina se proyecta claramente. Desde Shakira y Enrique Iglesias a Carlos Santana, el sonido hispanohablante ha cambiado la música popular de este país al final del siglo XX y a principios del XXI. En la comida, la multiplicación inmensa de emisoras de radio° en español, los muchos canales de cable dedicados a la programación en español y hasta en Hollywood mismo los hispanohablantes están haciendo sentir su presencia en el campo de la cultura popular.

radio stations

Finalmente, no ha de dudarse el aumento en importancia de los hispanohablantes en la vida política del país. Desde sus áreas de concentración demográfica en los estados de Florida, Texas, California, Arizona, e inclusive Nueva York e Illinois, los votantes hispanohablantes ejercen un poder siempre en crecimiento. Ya son parte de la historia los días cuando un aspirante a la presidencia° de la nación podía ignorar el poder del voto hispanohablante.

<table>
<tr><td>presidential candidate</td></tr>
</table>

Fuente: *U.S. Census Bureau, Census 2000*
Población hispanohablante en los Estados Unidos en 2000
Grupos con mayor población

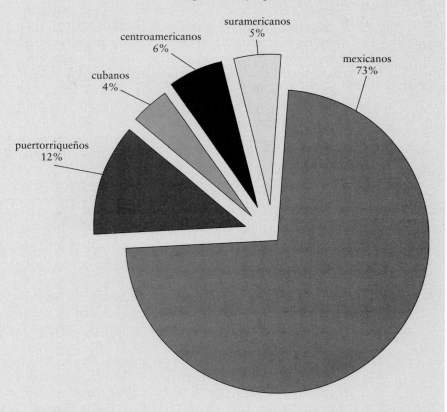

Obras citadas
Ayala, Julia. Entrevista personal. 22 de julio de 2003.
U.S. Census Bureau. Census 2000.

1.4 Después de leer Conteste las siguientes preguntas individualmente, basándose en la lectura que acaba de hacer.

1. ¿Cuál piensa usted que es el género (femenino o masculino) y el origen de la persona que escribió este artículo? ¿Por qué?

2. ¿Cree usted que es éste un buen artículo? ¿Qué críticas le haría?

3. ¿Podría usted mencionar alguna información sobre el impacto negativo de la inmigración latina, especialmente sobre lo que se dice de los indocumentados?

4. Las características principales de un buen título son dos: resumir el contenido del texto y llamar la atención del lector, de modo que quiera continuar leyendo. En su opinión, ¿cumple el título de este artículo con esas características? ¿Podría usted sugerir otro título o uno mejor?

5. ¿Es la gráfica efectiva? ¿Cree usted que sería mejor incorporar la información en el texto o cree que la gráfica la presenta de mejor manera?

Diario de reflexiones

Escriba en su diario por diez minutos sobre su reacción a esta lectura sobre los hispanohablantes en los Estados Unidos. No escriba su diario en un procesador de palabras sino a mano, en su cuaderno. No busque palabras en el diccionario. Si no conoce una palabra, intente pensar en otra equivalente o simplemente escriba la palabra en inglés. Tampoco se preocupe mucho por la gramática. Sea tan correcto como pueda, pero no se detenga a consultar reglas gramaticales. Escriba todo lo que pueda en diez minutos. Sea generoso con sus ideas y su lenguaje.

COMPOSICIÓN: LA DESCRIPCIÓN

Introducción

Describir es pintar con palabras una imagen. Es lograr que el lector o el oyente, en caso de que sea oral, imagine, entre otras cosas, los colores, las tonalidades, las texturas, el tamaño y las proporciones. Como en una pintura, un elemento esencial es la selección de los detalles para que no sean demasiados ni aburran o diluyan la imagen, ni tan pocos que transmitan una descripción incompleta. Estos detalles no deben reducirse sólo a elementos visuales, sino que deben tratar de incluir referencias a lo auditivo, lo táctil, lo olfativo y lo gustativo; en fin, a imágenes sensoriales.

Otras herramientas que ayudan a crear imágenes más íntegras de lo que se quiere describir son las metáforas (comparaciones directas mediante las cuales un objeto se convierte en otro) y los símiles (imágenes en las que se hacen comparaciones y se pone de relieve elementos semejantes entre diferentes objetos). Ambas comparaciones ayudan a relacionar elementos familiares con otros no muy conocidos o a atribuirles características a elementos de diferentes categorías. Un ejemplo de una metáfora es "tus labios de coral", en la que se comparan los labios con el color del coral y en la que los labios y el coral se convierten en la misma cosa. Un ejemplo de un símil es "tus labios son como el coral". Es la misma comparación que la anterior, pero tiene la palabra *como*, lo que la convierte en una comparación indirecta porque sólo se señala la similitud y no la igualdad. Los críticos literarios tienen mucho más que decir sobre el uso de metáforas y símiles en diferentes contextos literarios. Por ahora, entender la diferencia básica será un buen comienzo.

Una descripción puede parecer o ser relativamente más objetiva o más subjetiva. Una descripción que pretende ser más objetiva sólo enfatiza los detalles de manera más imparcial, sin revelar la impresión ni los sentimientos que la imagen ha creado en la persona que describe. En cambio, una descripción es abiertamente subjetiva si presta atención a las impresiones que la imagen ha provocado en la persona que la describe. La manipulación del tono, que puede ser irónico, festivo, nostálgico, etc., también contribuye al logro de una imagen relativamente más subjetiva de lo que se describe.

Frecuentemente, una descripción forma parte de una redacción más extensa; por ejemplo, de una narración. También tiene en muchos casos un propósito que va más allá de la simple descripción. Esos propósitos pueden ser expositivos o argumentativos. Por ejemplo, podría describirse la universidad donde usted estudia con el propósito de mostrar por qué le gusta tanto, por qué es necesario construir un nuevo edificio o mejorar cierto programa. Sea cual sea el propósito de la descripción, otro factor que determina qué tipo de composición y qué elementos se deben incluir es el público al cual se dirige. Ese factor determinaría el vocabulario y el tono.

La capacidad de escribir un ensayo descriptivo se considera una destreza intermedia por la *American Council on the Teaching of Foreign Languages* (ACTFL). A medida que estudie las páginas de este texto, usted practicará redacciones cada vez más complejas. Por consiguiente, en el **Capítulo 6** se le pedirá que escriba un ensayo que exigirá destrezas superiores. Cabe recordar que éste es un proceso acumulativo y que usted no deberá olvidar las lecciones aprendidas a nivel intermedio sobre cómo se describe correctamente. Usted ha de prestar atención constante a los adjetivos y a su concordancia con los sustantivos que modifican. Igualmente, usted siempre necesitará tener en mente la concordancia entre los sustantivos y los verbos. Describir efectivamente, manipulando el lenguaje a nivel intermedio, representa una base sólida sobre la cual usted puede seguir construyendo composiciones siempre más complejas y avanzadas.

1.5 Ejercicio de comprensión Luego de leer la información sobre la descripción, conteste las siguientes preguntas.

1. ¿Cuáles son las cuatro características de una descripción?
2. ¿Qué criterios se deben tomar en cuenta al hacer una descripción?
3. ¿Cuáles son los propósitos con que se describe la universidad que se menciona en la lectura?
4. ¿Puede usted pensar en otros propósitos para describir la universidad?
5. ¿Puede usted escribir una metáfora y un símil original? Escríbalos.

PASO 1: Trabajo escrito

Luego de haber leído lo que es una descripción y sobre los hispanohablantes en los Estados Unidos, le corresponde a usted escribir una descripción relacionada con ese tema. Usted debe escribir una descripción viva y dinámica sobre

a. Un hispanohablante que se ha destacado en los Estados Unidos
b. La experiencia de hispanohablantes que han venido a los Estados Unidos

Los lectores de su ensayo serán su instructor(a) y sus compañeros de clase. Su instructor(a) proveerá más detalles sobre los requisitos del ensayo.

1.6 Antes de escribir Conteste las siguientes preguntas.

1. ¿Por qué escogió usted a esa persona? ¿La conoce usted personalmente? ¿La conoce sólo por su trabajo? ¿Cómo se enteró usted de la información sobre esa persona? ¿Hizo una entrevista personal? ¿Leyó sobre la persona?

2. ¿Cuál es su actitud hacia esa persona? ¿Es principalmente negativa o positiva? ¿Por qué?

3. ¿Qué impresión de esa persona quiere dejar en el lector? ¿Cómo va a lograrla? ¿Qué tono va a usar?

4. ¿Cuáles son los detalles más eficaces que se pueden emplear para describirla? ¿Qué detalles va a omitir? ¿Por qué?

5. ¿Qué adjetivos y adverbios va a usar? ¿Qué elementos retóricos (metáforas, símiles) va a utilizar?

CONSULTORIO gramatical

Ser versus *estar*

La cuestión eterna sobre cuál verbo en español se usa para expresar la idea de *to be* en inglés ha frustrado desde siempre a estudiantes anglohablantes del español como segunda lengua. *To be* se puede expresar con los verbos *tener, hacer, haber* y, claro, *ser* y *estar*. En un ensayo descriptivo la distinción entre *ser* y *estar* puede ser de gran importancia. Para una explicación más elaborada usted puede consultar **Atajo** (**Grammar:** Verbs: Use of *ser* & *estar*).

Para escuchar una lección de iRadio sobre las diferencias entre *ser* y *estar*, visite **www .thomsonedu.com/spanish**. Para practicar estas estructuras, visite **www.thomsonedu .com/spanish/hacianivelesavanzados**

● PASO 2: Bosquejo

Todo ensayo debe tener una estructura mínima de introducción-cuerpo-conclusión. Antes de empezar a escribir es importante organizar sus ideas teniendo en mente esa estructura. Así, cuando llegue el momento de enfrentar la página en blanco usted ya sabrá no sólo dónde empezar, sino cómo concluir. En la composición del bosquejo de su ensayo descriptivo sobre los hispanohablantes en los Estados Unidos considere usted las siguientes preguntas para la introducción-cuerpo-conclusión. No es necesario contestar todas las preguntas y es posible que haya otros elementos que usted quiera incluir en su ensayo descriptivo:

I. Introducción

    a. ¿Sobre quién va a escribir?

    b. ¿Cómo se ha destacado esa persona? ¿Por qué será interesante su historia para el lector?

    c. En pocas palabras, ¿cuál es el aspecto más importante o más llamativo de esa persona?

II. Cuerpo

    a. ¿Incluye una descripción física de la persona?

    b. ¿Incluye una descripción de la familia de la persona? ¿su residencia? ¿su trabajo o carrera?

    c. ¿Incluye una descripción del carácter de esa persona?

    d. ¿Incluye una descripción sobre el efecto que ha tenido esa persona en otros hispanohablantes en los Estados Unidos o en la cultura dominante de los Estados Unidos?

    e. ¿Incluye una descripción sobre cómo la cultura dominante de los Estados Unidos ha afectado a esa persona?

III. Conclusiones

    a. ¿Qué nos enseña esa persona sobre los hispanohablantes en los Estados Unidos?

    b. ¿Qué cualidades positivas o negativas representa esa persona de la cultura latina en general?

    c. ¿Qué no comparte con la cultura anglo–dominante de los Estados Unidos?

    d. ¿Qué tiene en común esa persona con la cultura anglo–dominante de los Estados Unidos?

● PASO 3: Primer borrador

Ahora usted está listo para escribir el primer borrador. El primer borrador debe ser su mejor intento de poner en palabras las ideas que tiene hasta ahora.

Debe escribir el ensayo en un procesador de palabras. Tenga cuidado de poner todos los diacríticos usando el procesador de palabras. Preste atención a la organización que ha desarrollado en el bosquejo, y al vocabulario y la gramática.

Escriba el ensayo lo mejor que pueda para la fecha indicada por su instructor(a). Ese día intercambiará su ensayo en la clase con un(a) compañero(a). En la clase o en casa leerá el ensayo de su compañero(a). Lo deberá corregir empleando la lista de cotejo que se encuentra a continuación.

I. **Contenido**
   □ ¿Es apropiado el título?
   □ ¿Es interesante la introducción?
   □ ¿Es creativa?
   □ ¿Se han incluido todos los elementos necesarios para crear una descripción viva y dinámica?
   □ ¿Qué ideas específicas del trabajo se deben aclarar más, eliminar o ampliar?
   □ ¿Hay pocos o demasiados detalles?
   □ ¿Hay muchas repeticiones?
   □ ¿Se han utilizado metáforas u otras figuras retóricas? ¿Son válidas las comparaciones?

II. **Organización general**
   □ ¿Está bien organizada la composición?
   □ ¿Tiene cada párrafo una oración temática?
   □ ¿Son coherentes los párrafos?
   □ ¿Qué cambios se deben hacer para mejorar la organización?

III. **Vocabulario y gramática**
   □ ¿Qué palabras del vocabulario cambiaría usted para que el trabajo sea más interesante o variado?
   □ ¿Qué aspectos gramaticales necesitan ser más trabajados?

IV. **Detalles u otros comentarios o crítica constructiva**

También necesita usar los códigos de corrección del **Apéndice 2** para corregir los errores lingüísticos que encuentre en el texto. En la fecha indicada por su instructor(a), traiga a clase el ensayo de su compañero(a) completamente editado y con su nombre y apellido junto con la palabra *Corrector(a)*, en la parte de arriba de la primera página del ensayo.

ESTRATEGIAS de escritura

El estilo MLA

Cuando usted escribe necesita atribuirle crédito a las fuentes de información usadas y citadas en su ensayo. Si usted usa una fuente de información (libro, entrevista con una persona, el Internet) y no identifica las fuentes, ha cometido plagio *(plagiarism)*.

El plagio es un serio delito intelectual y los castigos en la universidad pueden ser severos. Si usted no conoce las reglas en su universidad, pregúntele a su instructor(a). Es fácil evitar consecuencias vergonzosas simplemente identificando sus fuentes de información. Aunque diferentes disciplinas utilizan diferentes estilos para darles crédito a las obras consultadas, en el estudio de las lenguas y de la literatura se suele usar el estilo de la Asociación de Lenguas Modernas (*Modern Language Association,* o MLA, por sus siglas en inglés). Para más información o para aprender a usar el estilo MLA consulte Joseph Gibaldi's *MLA Handbook for Writers of Research Papers,* 6th edition (Nueva York: MLA, 2003).

1.7 Corrección de errores El siguiente ensayo descriptivo sobre un hispanohablante no ha sido editado. Corrija el ensayo utilizando los códigos de correción en el **Apéndice 2.**

Víctor de la Fuente

Víctor de la Fuente es un hispanohablante que yo conozco. Él está un amigo de mi padre. Es 45 años. Está cansado y su esposa se llama es Margarita Santiago. Víctor y Margarita tiene dos niños, Alex y Casandra. Yo pienso que el representa muchas caracteristicas buenos de hispanohablantes en los Estados Unidos. La historia de tu imigración a este país en un inspiración a todo los imigrantes.

Víctor venió a los estados unidos en 1983 tuvo 18 años. Él es de San Salvador, El Salvador. Fue una guerra y mucho violencia en El Salvador en 1983 y Víctor venió a este país para escapar la guerra. Primero el trabajó como un trabajador de una granja. Trabajo en una granja para muchos años pero fue muy difícil. Entonces, el trabajo para una companía que corta el césped en las casas. Víctor gustó

(Continúa)

© AP Photo/Ric Francis

mucho este trabajo. Trabajó para 10 años para esta companía. En 1996 él empezó su propia companía de cortando céspedes. Ahora su companía tiene diez empleados. Víctor no corta céspedes ahora porque trabaja en la oficina. Está un miembro del Beltsville Chamber of Comerse y está activo en su iglesia, Our Lady of Perpetual Sorrow.

Víctor es un bueno modelo de los hispanohablantes en Estados Unidos porque él venió a este país con nada. Él trabajó mucho y ahora tiene su propia companía, una casa bonito y una familia buena. Él habla inglés y español muy bien. Él dice, "para mí el sueño americano significa que si una persona trabaja mucho y obedece las reglas que puede salir adelante en este país. Es por eso que respeto tanto este país y me siento tan afortunado poder criar a mis niños aquí" (de la Fuente). Por todas estas razones, Víctor de la Fuente es un hispanohablante modelo.

Obras citadas

De la Fuente, Víctor. Entrevista personal. 13 de septiembre de 2005.

● **PASO 4: Conversaciones sobre el tema**

Un paso importante en la creación de composiciones escritas es la formulación de ideas propias. Ahora que tiene escrito un primer borrador de su composición seguiremos explorando y desarrollando el tema para que usted se pueda dar cuenta si hay algún aspecto del tema que no ha incluido en su composición o que le interesaría comentar. Discuta los siguientes asuntos en parejas o en grupos pequeños, pensando siempre en qué vínculo puede haber entre éstos y el contenido de su composición.

1. En algunos estados, tales como California y Utah, los inmigrantes indocumentados pueden obtener su licencia de conducir de manera legal. En otros estados, tales como Delaware y Maryland, es imposible hacerlo.

   Para discutir este asunto, reúnanse en dos grupos. Un grupo va a pensar en argumentos para convencer al público de que se les debe permitir a los indocumentados obtener su licencia de conducir en el lugar donde viven. El otro grupo va a pensar en argumentos para convencer al público de que no se les debe permitir obtenerla.

   Luego de dialogar sobre este asunto en grupos pequeños, se discutirá la información a manera de debate.

2. Compare y contraste usted la inmigración de los hispanohablantes hacia los Estados Unidos con la de otros grupos étnicos a través de la historia de los Estados Unidos. ¿En qué se asemejan? ¿En qué se diferencian? Preparen la información de manera breve para presentársela a la clase.

3. La educación bilingüe en contraste con la inmersión total en inglés es un tema muy controvertido a nivel nacional. En California, la Propuesta 227 ha eliminado la educación bilingüe a favor de la inmersión total en inglés. En su opinión, ¿deberían los estudiantes recibir toda su educación en inglés sin tomar en cuenta su lengua nativa ni su capacidad lingüística en inglés? ¿Se debería permitir el uso de la lengua materna en la instrucción en las escuelas públicas mientras el estudiante que no habla inglés como primera lengua la aprende? ¿Cree usted que el uso de la lengua materna en la instrucción es un obstáculo en el aprendizaje del inglés?

ESTRATEGIAS orales

Fillers

En la conversación natural todos usamos *fillers* para rellenar los silencios mientras pensamos qué decir. En inglés, los *fillers* más comunes son *uh, hmm, so* y *like*. Nos hacen sentir más cómodos durante esos silencios vergonzosos cuando no tenemos las palabras exactas para lo que queremos decir.

En español se dice *este* en lugar de *uh* o *hmm*. También se usan mucho *pues, bien* y *bueno* como *fillers*. Para hacer que su conversación suene más natural intente usted añadir esos *fillers* a su habla cotidiana. ¡Le pueden ayudar en esos segundos incómodos cuando usted esté pensando en la conjugación irregular de un verbo!

• PASO 5: Segundo borrador

Ahora ha recibido su primer borrador con las ediciones, correcciones y sugerencias de su compañero(a)-corrector(a). Saque una fotocopia del **Apéndice 1: Reacciones del autor.** Usted necesita completar la hoja e incorporar en el segundo borrador todas las ediciones, correcciones y sugerencias del editor que usted encuentre apropiadas. Su instructor(a) le indicará si usted le entregará el segundo borrador para que lo evalúe o si será editado por un(a) segundo(a) compañero(a). Si las conversaciones de **Paso 4: Conversaciones sobre el tema** le han hecho pensar en algo novedoso para su composición, ahora también tiene usted una oportunidad para incluir esas nuevas ideas.

CONSULTORIO gramatical

Adjetivos y adverbios

En un ensayo descriptivo hay que incluir adjetivos y adverbios. ¿Cómo se puede describir sin ellos? Pero también hay que tener cuidado. Necesita asegurarse de la concordancia en número y género del adjetivo con el sustantivo que modifica y de la posición del adjetivo antes o después del sustantivo que modifica. Con los adverbios, hay que incluir los de orden, duda, tiempo, lugar, cantidad, modo y frecuencia. Si usted necesita revisar las reglas sobre cómo se usan los adjetivos y adverbios, puede consultar **Atajo** (**Grammar:** Adjective Agreement: Adjective Placement: Comparisons: Adjectives: Adverb: Adverbs ending in *-mente*).

Para escuchar una lección de iRadio sobre adjetivos, visite **www.thomsonedu.com/ spanish**. Para practicar esta estructura, visite **www.thomsonedu.com/spanish/ hacianivelesavanzados**

● **PASO 6:** Trabajo final

Después de recibir las ediciones, correcciones y sugerencias sobre el segundo borrador de un segundo corrector o de su instructor(a), usted tiene otra oportunidad más para pulir y mejorar su trabajo. Ahora tiene dos borradores y muchas ediciones, correcciones y sugerencias para considerar. Utilizando toda esta información, escriba usted el ensayo una vez más. Ése será su trabajo final. Entrégueselo a su instructor(a) en la fecha indicada.

ESTRATEGIAS de escritura

El uso del diccionario al escribir

Cuando se usa el diccionario para buscar vocabulario nuevo es mejor que recuerde usted las siguientes sugerencias:

1. Use un diccionario español/inglés para aprender nuevo vocabulario cuando lea y tenga un contexto.

2. Tenga mucho cuidado cuando use el diccionario inglés/español para encontrar una palabra en español que quiera usar para hablar o escribir. Si no tiene usted mucho cuidado, el diccionario puede causar más problemas que soluciones.

3. En vez de buscar vocabulario nuevo en el diccionario inglés/español, intente usar otra palabra que ya conozca. Esta estrategia comunicativa se llama la circunlocución.

4. Si le es absolutamente necesario buscar una palabra en un diccionario inglés/español, asegúrese de contestar las siguientes preguntas:

   a. ¿Ha leído usted toda la información y considerado todas las opciones?
   b. Si busca un verbo, ¿ha encontrado un verbo?
   c. Si busca un sustantivo, ¿ha encontrado un sustantivo?
   d. Cuando haya escogido la palabra que usted crea que es la correcta, ¿la ha buscado en el diccionario español/inglés para ver si el significado en inglés aparece como primera o segunda opción?

Si usted no le presta ese nivel de atención al proceso de buscar una palabra en un diccionario inglés/español, es probable que use la palabra incorrecta y que su lenguaje sea incomprensible.

FRENTE A LA COMPOSICIÓN ESCRITA

© Gene Blevins/Corbis

Sobre la autora

Sandra Cisneros nació en Chicago el 20 de diciembre de 1954. Es novelista, cuentista, poeta y ensayista. Ha sido una de las primeras mujeres de origen hispano residente en los Estados Unidos en obtener éxito comercial a través de la escritura. También entre sus logros se le atribuye el incluir la voz chicana en el feminismo literario en los Estados Unidos.

Durante los años setenta, Cisneros asistió a un taller para escritores ofrecido por la Universidad de Iowa, donde estudiaba para obtener una maestría en escritura creativa. Allí se sintió muy frustrada porque sus experiencias diferían de las de la mayoría de los otros alumnos. Allí fue que le surgió la idea de escribir *La casa en Mango Street.*

La casa en Mango Street fue publicada en 1984. Cubre un año de la vida de Esperanza, la narradora. Esperanza tiene aproximadamente trece años y de manera poética cuenta sobre sus aspiraciones y sobre los vecinos de su comunidad. La mayoría de los personajes de los cuales nos cuenta Esperanza no son inventados, pues se basan en personas que Cisneros conoció. A través de la descripción de las experiencias de Esperanza mientras crece en Mango Street, en Chicago, de sus sueños y experiencias y las de los personajes de su comunidad, Cisneros introduce temas relacionados con la crianza, las lealtades divididas, el machismo, la pobreza, la opresión, la religión y el amor. Es necesario mencionar que algunas de las experiencias de Esperanza se relacionan directamente con aquéllas vividas por Cisneros. Dos de ellas son su visión feminista y su sentido de alineación. Los padres de Cisneros tuvieron ocho hijos y, entre ellos, Cisneros fue la única mujer. Sus hermanos siempre querían que ella asumiera papeles tradicionales y, como Esperanza, ella se resistía. En su casa, Cisneros también se sentía marginada porque su familia se mudaba frecuentemente entre México y los Estados Unidos por la lealtad de su padre hacia su madre, es decir, hacia la abuela de Sandra Cisneros. Al igual que Esperanza, muchas veces Cisneros se sintió sin hogar y sin raíces.

A continuación hay un capítulo de *La casa en Mango Street.* Es sobre Mamacita, como se le llama a un personaje que viene a vivir en Mango Street. En esta selección se narra su llegada a Mango Street y se provee un cuadro vívido de su apariencia física.

Léxico temático

asumir *to assume*	**empujar** *to push*	**los papeles** *roles*
las caderas *hips*	**la gaviota** *seagull*	**resistir** *to resist*
la crianza *upbringing*	**hartarse** *to be fed up*	**las raíces** *roots*
la cobija *blanket*	**jalar o halar** *to pull*	**sintonizar** *to tune in*
de súbito *suddenly*	**la lealtad** *loyalty*	**el tobillo** *ankle*

1.8 Ejercicio léxico   Rellene los espacios en blanco con la palabra más apropiada de la lista de vocabulario. Asegúrese de tener en cuenta la concordancia y de conjugar los verbos en los tiempos apropiados.

1. Al futbolista se le rompió _____ cuando jugaba el fútbol en el parque el domingo por la tarde.

2. Paco _____ la bicicleta hasta su casa porque se le cayó la cadena y no pudo pedalear.

3. Cuando el Sr. y la Sra. Benavides llevaron por primera vez su nuevo bebé a casa desde el hospital, la enfermera lo envolvió en una _____ azul.

4. Millones de hispanohablantes en Estados Unidos _____ el programa, *Sábado gigante* en Univisión, los sábados por la noche.

5. Las _____ graznaban en la playa mientras los niños Hernández les tiraban trocitos de pan.

6. Frecuentemente las madres latinas de hoy tienen que asumir varios _____ en la vida, como madre, mujer profesional, esposa, enfermera, contadora, etc.

7. Todo le iba bien a Juan Carlos hasta que, _____, un día llegaron los agentes de la Migra y lo encarcelaron por ser inmigrante indocumentado.

8. Nadie movía las _____ como Celia Cruz cuando bailaba salsa.

9. Los hispanohablantes en los Estados Unidos normalmente mantienen contacto con sus _____ latinoamericanas.

1.9 Más práctica léxica En una hoja aparte escriba frases originales utilizando las nuevas palabras de vocabulario siguientes.

1. jalar
2. crianza
3. resistir
4. hartarse
5. lealtad

 1.10 Antes de leer Conteste las siguientes preguntas en grupos pequeños.

1. ¿En qué consiste el sueño americano? ¿Hay sólo una versión? ¿Es posible realizarlo o es sólo un mito? ¿Tiene usted sus propios sueños para su vida? ¿Son consistentes con el sueño americano? ¿En qué se parecen? ¿En qué se diferencian?

2. *La casa en Mango Street* fue escrita originalmente en inglés y fue traducida al español por la escritora mexicana Elena Poniatowska. ¿Por qué piensa usted que en la traducción del título Mango Street permanece en inglés?

3. En esta selección y en el resto de la novela, los zapatos son importantes. ¿Le gusta tener muchos zapatos? ¿Qué tipos de zapatos le gustan? ¿Podría usted especular sobre la importancia de los zapatos en la lectura?

ESTRATEGIAS de lectura

Los cognados

Cognados son palabras que se escriben de manera semejante en inglés y en español. Falsos cognados o amigos son palabras que, aunque se escriben de manera semejante en ambos idiomas, tienen diferentes significados. Un ejemplo de un falso cognado es *lectura*, que significa *"reading"* en inglés. Parece semejante a la palabra en inglés *lecture*, pero esa palabra en español es *discurso*.

¿Cuántos cognados puede usted encontrar en la composición escrita? ¿Cuáles son algunos? Lea el texto rápidamente y apunte todos los cognados que pueda encontrar en cinco minutos.

No speak English

Mamacita es una mujer enorme del hombre al cruzar la calle, tercer piso al frente. Rachel dice que su nombre debería ser Mamasota, pero yo creo que eso es malo.

El hombre ahorró su dinero para traerla. Ahorró y ahorró porque ella estaba sola con el nene-niño en aquel país. El trabajó en dos trabajos. Llegó [de] noche a casa y salió temprano. Todos los días.

Y luego un día Mamacita y el nene-niño llegaron en un taxi amarillo. La puerta del taxi se abrió como el brazo de un mesero. Y va saliendo un zapatito color de rosa, un pie suavecito como la oreja de un conejo, luego el tobillo grueso, una agitación de caderas, unas rosas fucsias y un perfume verde. El hombre tuvo que jalarla, el chofer del taxi empujarla. Empuja, jala. Empuja, jala. ¡Puf!

Floreció de súbito. Inmensa, enorme, bonita de ver desde la puntita rosa salmón de la pluma de su sombrero hasta los botones de rosa de sus dedos de pie. No podía quitarle los ojos a sus zapatitos.

Arriba, arriba, arriba subió con su nene-niño en una cobija° azul, el hombre cargándole las maletas, sus sombrereras color lavanda, una docena de cajas de zapatos de satín de tacón alto. Y luego ya no la vimos.

Alguien dijo que porque ella es muy gorda, alguien que porque los tres tramos de escaleras,° pero yo creo que ella no sale porque tiene miedo de hablar inglés, sí, puede ser eso, porque sólo conoce ocho palabras: sabe decir *He not here* cuando llega el propietario, *No speak English* cuando llega cualquier otro y *Holy smokes*. No sé dónde aprendió eso, pero una vez oí que lo dijo y me sorprendió.

Dice mi padre que cuando él llegó a este país comió *jamanegs* durante tres meses. Desayuno, almuerzo y cena. *Jamanegs*. Era la única palabra que sabía. Ya nunca come jamón con huevos.

Cualesquiera sean sus razones, si porque es gorda, o no puede subir las escaleras, o tiene miedo del idioma, ella no baja. Todo el día se sienta junto a la ventana y sintoniza el radio en un programa en español y canta todas las canciones nostálgicas de su tierra con voz que suena a gaviota.

Hogar. Hogar. Hogar es una casa en una fotografía, una casa color de rosa, rosa como geranio con un chorro de luz azorada.° El hombre pinta de color rosa las paredes de su apartamento, pero no es lo mismo, sabes. Todavía suspira por su casa color de rosa y entonces, creo, se pone a chillar. Yo también lloraría.

Algunas veces el hombre se harta. Comienza a gritar y puede uno oírlo calle abajo.

—Ay —dice ella, ella está triste.

blanket

flights of stairs

startling stream of light

—Oh, no —dice él —no otra vez.

—¿Cuándo, cuándo, cuándo? —pregunta ella.

—¡Ay, caray! Estamos *en* casa. Esta *es* la casa. Aquí estoy y aquí me quedo. ¡Habla inglés!, *speak English,* ¡por Dios!

¡Ay!, Mamacita, que no es de aquí, de vez en cuando deja salir un grito, alto, histérico, como si él hubiera roto el delgado hilito° que la mantiene viva, el único camino de regreso a aquél país.

Y entonces, para romper su corazón para siempre, el nene-niño, que ha comenzado a hablar, empieza a cantar el comercial de la Pepsi que aprendió en la tele.

—*No speak English* —le dice ella al nene-niño que canta en un idioma que suena a hoja de lata.

—*No speak English, no speak English.* No, no, no.

Y rompe a llorar.

a thin little thread (margin gloss for hilito)

1.11 Después de leer Conteste las siguientes preguntas individualmente, basándose en la lectura que acaba de hacer.

1. ¿Cómo es Mamacita?

2. ¿Por qué vino ella a los Estados Unidos?

3. ¿Cómo llega a su nueva casa?

4. ¿Cómo es su esposo?

5. ¿Por qué ahorró su dinero el esposo?

6. ¿Quién comió jamón con huevos por tres meses?

7. ¿Por qué Mamacita nunca sale de casa?

8. ¿Qué tipo de casa tienen Mamacita y su esposo en Estados Unidos?

9. ¿Por qué llora siempre Mamacita?

10. ¿Qué canción canta el niño?

1.12 Análisis de composición escrita   Responda a las siguientes preguntas de análisis sobre la lectura que acaba de hacer. Puede trabajar individualmente o en grupo, según le indique su instructor(a).

1. Según la información presentada en la introducción a la composición descriptiva, encuentre tres imágenes sensoriales. ¿Le gustan? ¿Cuál es su favorita? ¿Hay alguna otra que usted hubiera incluido?

2. Según la información presentada en la introducción sobre qué es una descripción, ¿utiliza la autora metáforas y símiles en su texto? Intente encontrar dos. ¿Son originales? ¿Son clichés?

3. En esta selección literaria los personajes no tienen nombres propios. Se refieren a ellos como Mamacita, el hombre y el nene-niño. En cuanto al nombre del país de origen de Mamacita, tampoco se menciona. ¿Qué explicación podría usted dar sobre esa tendencia a lo genérico en esta selección?

4. ¿Qué temas se presentan a través de la historia de Mamacita?

5. ¿Puede hablar inglés Mamacita? ¿Quiere hablar inglés? ¿Por qué?

6. ¿Quiere Mamacita el sueño americano?

7. ¿Por qué piensa usted que su esposo quiere quedarse en los Estados Unidos?

8. ¿Ésta parece ser una descripción más objetiva o subjetiva? ¿Por qué?

Diario de reflexiones

Escriba en su diario por diez minutos sobre su reacción a la lectura "No speak English" de Sandra Cisneros. No escriba su diario en un procesador de palabras sino a mano, en su cuaderno. No busque palabras en el diccionario. Si usted no conoce una palabra, intente pensar en otra equivalente o simplemente escriba la palabra en inglés. Tampoco se preocupe mucho por la gramática. Sea tan correcto como pueda, pero no se detenga a consultar reglas gramaticales. Escriba todo lo que pueda en diez minutos. Sea generoso con sus ideas y con su lenguaje.

FRENTE A LA COMPOSICIÓN ORAL

Preparar el escenario

Piero de Benedictus, mejor conocido como Piero, es el intérprete de esta la canción, "Los americanos". Aunque nació en Italia, a los tres años se mudó con su familia a Argentina, donde empezó su carrera como cantante y actor en los años sesenta. A través de una carrera larga y galardonada Piero ha ganado fama internacional como cantante, poeta, ser humano de palabras y hechos resonantes, y luchador incansable a favor de la paz. Su interpretación de los "Los americanos" es ampliamente conocida.

1.13 Antes de escuchar   Comente en grupos pequeños las preguntas a continuación.

1. "Los americanos" es una canción de protesta social. ¿Cómo definiría usted una canción de protesta social? ¿Conoce canciones de protesta social en inglés? ¿De qué tratan? ¿Qué cantantes de protesta son famosos de los Estados Unidos?

2. En "Los americanos" se critica a los estadounidenses a través de ideas estereotipadas. ¿Conoce usted algunas de las características del estereotipo que tienen otros grupos étnicos sobre los estadounidenses? ¿Cuáles son? ¿Cuáles son positivas y cuáles negativas? ¿Son completamente falsas? ¿Qué características estereotipadas piensa usted que criticará esta canción? ¿Qué características del estereotipo estadounidense criticaría más usted?

Track 2

1.14 Después de escuchar   Después de escuchar la canción una primera vez, vuelva a escucharla y trate de rellenar los espacios en blanco.

Ellos nacen _____

Y van eniñeciendo

A través de la _____

Los americanos.

Y _____ convencidos

Que no hay nadie en el mundo

Que _____ más importante

Que los americanos.

Napoleón para ellos
Fue un señor _____
Que organizó la cosa
Sin americanos.
Y están más que _____
Que no hubiera perdido
Waterloo con la _____
De los americanos.

Si _____ historia
No es por haber leído,
Si no de haberla visto
En el _____ americano.
Con grandes escenarios
Y _____ grandiosa
En el sutil estilo
de los americanos.

De _____ grandes
De tanto mascar chicles,
Es muy común el verlos,
A los americanos.
Luciendo mil _____,
Todos menos el negro
Al que no consideran
Del _____ americano.

Cuando son mayorcitos
Se visten de _____
Y salen por el mundo
Los americanos.
En viaje organizado
Con _____ incluido
A la larga pagado
Por los americanos.

Si hay algo que se admira
Dondequiera que vayan
Es la gran _____
De los americanos.
Con típicos atuendos
Se mezclan con la _____
Y nadie se da cuenta
Que son americanos.

Y además siempre compran
Valiosas _____ viejas
Recién envejecidas
Para americanos.
Y después en sus casas
_____ amistades
Que alaban el buen gusto
De los americanos.

Y en los clubes nocturnos
Después de algunas copas
Se _____ inspirados
Los americanos.
Y es muy común hallarlos
Bailando sin descanso,
Derrochando la gracia
De los americanos.

Y bien, _____ míos,
Ya basta por ahora.
Les dije lo que pude
De los americanos.
Y si los ven...
Si los ven les dan mis respetuosos saludos
A los americanos.

1.15 Análisis de composición oral Responda las siguientes preguntas de análisis sobre la canción que acaba de escuchar. Puede trabajar individualmente o en grupo, según le indique su instructor(a).

1. La canción tiene nueve estrofas y en cada una de ellas se critica una característica de los estadounidenses. Resuma en sus propias palabras lo que se critica en cada una de ellas.

2. De las características estereotipadas que Piero critica, ¿cuál cree usted es la crítica más justa? ¿Hay alguna crítica que usted encuentra injusta? ¿Cuál? ¿Por qué es injusta?

3. ¿Podría usted escribir una canción parecida sobre los hispanohablantes? ¿Cuáles son las características del estereotipo hispanohablante que existe en los Estados Unidos? ¿Cuáles son características positivas? ¿y las negativas? ¿Cuáles son las características más injustas? ¿Cuáles son las más correctas en su experiencia?

Diario de reflexiones

Escriba en su diario por diez minutos sobre su reacción al tema de los estereotipos y de los prejuicios de los estadounidenses y de los hispanohablantes. No escriba su diario en un procesador de palabras sino a mano, en su cuaderno. No busque palabras en el diccionario. Si no conoce una palabra, intente pensar en otra equivalente o simplemente escriba la palabra en inglés. Tampoco se preocupe mucho por la gramática. Sea tan correcto como pueda, pero no se detenga a consultar reglas gramaticales. Escriba todo lo que pueda en diez minutos. Sea generoso con sus ideas y con su lenguaje.

CAPÍTULO DOS
La lingüística descriptiva

En este capítulo se introducen los primeros conceptos básicos de la lingüística descriptiva, tales como la morfología, la sintaxis y la fonología. Estas áreas de estudio del lenguaje, al igual que un andamiaje, son parte de la base principal en el estudio de una segunda lengua. En cuanto a la composición de este capítulo, ésta se enfoca en la correspondencia social, una de las aplicaciones sociales más útiles de la escritura.

Criterios de NCATE

El primer criterio de NCATE se llama "Lenguaje, lingüística, comparaciones". Se divide en dos secciones. La primera sección (1a) describe el criterio más obvio de todos. Dice que un estudiante debe demostrar una capacidad lingüística superior en el español. Esa capacidad se debe demostrar en las cuatro destrezas lingüísticas: la oral, la comprensión auditiva, la escritura y la comprensión de lectura. Todo el trabajo en este texto y en este curso gira en torno a ese primer criterio. Probablemente, ése sea el criterio más importante en todos sus cursos de español. Durante sus estudios de español en la universidad usted va a poder mejorar su dominio de esa lengua.

La segunda sección del criterio 1 (1b) se relaciona más con la materia del **Capítulo 2.** Tiene como objetivo principal que un estudiante comprenda y pueda explicar los rasgos principales de la fonología, la morfología, la sintaxis y la semántica del español. Además, el estudiante debe entender estos rasgos también en inglés* para poder utilizar las estructuras del inglés en momentos cuando no logra controlar completamente las estructuras del español.

Este capítulo presenta sólo una breve introducción sobre algunos de los rasgos lingüísticos más importantes del español. Al final de su carrera académica, usted deberá conocer mucho mejor los términos de fonología, morfología, sintaxis y semántica, en su relación con el estudio del español. Además, usted podrá apreciar el dinamismo de estos rasgos no sólo en el español, sino en todas las lenguas. Eso quiere decir que el lenguaje está constantemente en un proceso de cambio y evolución, de modo que ni el español ni el inglés que se hablan hoy en día son iguales a las lenguas habladas hace cincuenta, cien o doscientos años.

*En realidad, el criterio habla de "primera lengua" y no del inglés en particular. La primera lengua de la mayoría de los estudiantes de español en los Estados Unidos es el inglés. Por eso, nosotros optamos por usar *inglés* y no *primera lengua*. Sin embargo, en el caso de que la primera lengua de un estudiante no sea el inglés, se referirá al conocimiento de los rasgos lingüísticos en la primera lengua del estudiante.

FRENTE A LA DISCIPLINA

Léxico temático

ampliar *to expand; to make bigger*	**el par** *pair*
el campo de estudio *field of study*	**la raíz** *root*
componerse *to be composed of*	**reconocer** *to recognize*
debido a *due to*	**el significado** *meaning*
deletrear *to spell*	**el sonido** *sound*
evolucionar *to evolve*	**realizar** *to bring into being or action*
la imprudencia *indiscretion*	**valer la pena** *to be worthwhile*
mediante *by means of*	

2.1 Ejercicio léxico Rellene los espacios en blanco con las palabras apropiadas de la lista anterior. Tenga en cuenta la concordancia de género, número, tiempo y persona.

1. Un calcetín no vale tanto como un _____ de calcetines.

2. Todos los vuelos se cancelaron _____ la nieve que cayó durante la noche.

3. Tienes que _____ ese trabajo lo mejor que puedas.

4. El español es _____ más importante en esa universidad.

5. Según la teoría de Charles Darwin, los animales _____ según las necesidades del ambiente en el cual viven.

6. Los partidos políticos siempre quieren _____ el número de ciudadanos que los apoyan.

7. El maestro dijo que hay menos reglas para _____ bien en español que en inglés.

8. Los diplomáticos buscan preservar la paz _____ el diálogo continuo y constante con otros países del mundo.

9. Desgraciadamente, hay muchos verbos en el pretérito que son irregulares en _____.

10. Una palabra puede tener más de un _____ en diferentes países.

2.2 Más práctica léxica Escriba oraciones completas originales en español que incluyan cada una de las siguientes palabras.

1. el sonido
2. componerse
3. valer la pena
4. reconocer
5. la imprudencia

 2.3 Antes de leer Discuta usted estas preguntas primero en pequeños grupos y, luego, con toda la clase.

1. ¿En qué se diferencian los acentos regionales hablados por los ciudadanos de Little Rock, Arkansas; Boston, Massachussets; Philadelphia, Pennsylvania y Houston, Texas? ¿Puede usted describir estos acentos en detalle? ¿Por qué se habla así? ¿Cuáles son otros acentos regionales que hay en los Estados Unidos? ¿Y en el resto del mundo anglohablante?

2. ¿Sabe usted deletrear bien en inglés? ¿Por qué es tan difícil deletrear correctamente en inglés? ¿Cuáles son algunas diferentes combinaciones de letras del alfabeto en inglés para producir el sonido /f/?, ¿y /k/? ¿Es igualmente difícil deletrear en español? ¿Por qué sí o no?

3. Según su experiencia, ¿usan los hombres y las mujeres el lenguaje de una manera diferente? ¿Por qué sí o no? ¿Los hombres hablan igual con las mujeres que con los otros hombres? ¿Cambian las mujeres su manera de hablar según su público? ¿Cómo?

4. ¿Hay diferencias en las maneras en que diferentes generaciones usan el lenguaje? ¿Habla usted diferente a sus padres? ¿a sus abuelos? ¿a sus niños? ¿De qué manera? ¿Hay diferencias en la gramática que usan? ¿en el vocabulario? ¿en el tono? ¿en la pronunciación?

5. Además de la región geográfica, el género y la edad, ¿cuáles son otras razones que determinan que diferentes personas usen el lenguaje de manera diferente? ¿Puede usted pensar en ejemplos concretos en el inglés que conoce en los Estados Unidos? ¿en el vocabulario? ¿en la gramática? ¿en la pronunciación? ¿Cree usted que esas diferencias se reflejan también en el español?

Leer múltiples veces

En su libro más conocido, *El placer del texto* (*The Pleasure of the Text*), Roland Barthes compara el placer de leer un texto con el placer de ver a la mujer amada desnudarse frente a los ojos del amado. La idea es que el texto no revela todas sus bellezas en un instante, ni fácilmente, ni sin mucha paciencia, ni sin un poco de sufrimiento lleno de anticipación por parte del lector. Por lo tanto, usted no debe faltarle el respeto al texto al creer que va a revelarle todos sus secretos tras leerlo una sola vez. Necesita ser paciente con el texto y leerlo dos, tres, cuatro veces. Necesita buscar palabras en el diccionario y usar pistas del contexto para interpretar las partes que no entiende. Si usted lee así, su trabajo y paciencia serán premiados con el placer del texto.

La lingüística descriptiva

El estudio de cualquier lengua incluye el análisis de la estructura de ese idioma. En otras palabras, no sólo hace falta hablar la lengua, también es necesario poder hablar *de* la lengua. Ese análisis de la lengua misma es el trabajo de la lingüística descriptiva. La lingüística descriptiva es el estudio de las estructuras de una lengua. Sin una base fuerte en la lingüística descriptiva es posible que un estudiante aprenda a hablar español, pero no pueda entender cómo se estructura la lengua ni por qué es así.

Si se piensa bien, es fácil pensar en personas que pueden hablar una lengua sin entenderla. Es probable que usted hable muy bien inglés aunque no entienda el uso de los complementos directos o indirectos, no pueda describir en detalle los diferentes acentos regionales del inglés de los Estados Unidos y no sepa articular los cambios en el inglés hablado desde el siglo XVII en lo que un día sería los Estados Unidos hasta hoy en día.

Entender los aspectos estructurales de la comunicación humana es el trabajo de los lingüistas. La lingüística descriptiva se divide en diferentes campos de estudio especializado. Tres de los más importantes son la morfología, la sintaxis y la fonología. Vale la pena definir esos términos y mencionar algunos ejemplos.

La morfología es el estudio de la composición de palabras mediante morfemas. Un morfema es la unidad más pequeña e indivisible de una palabra que tiene significado. El estudio de la formación de los verbos y sustantivos provee excelentes ejemplos de cómo funciona la morfología. Por ejemplo, la raíz del verbo *hablar* es *habl-*. Ese morfema lleva el significado léxico del verbo hablar: *to speak, to talk.*

Después de la raíz viene la vocal *a*. La vocal *a* también es un morfema y se llama la vocal temática. Todos los verbos en español tienen una vocal temática; usted ya las conoce: son *a, e, i,* e identifican si el verbo es de la familia de verbos *-ar, -er,* o *-ir*. En consecuencia, la vocal temática de todos los verbos de la familia *-ar* en el presente del indicativo es *-a*.

El último morfema en el verbo *hablar* es la terminación personal. Los diferentes morfemas para la terminación personal en el presente del indicativo de verbos de la familia *-ar* son: *-o, -s, -ø, -mos, -n*. Estos morfemas identifican quién realiza la acción del morfema *habl-*. Si es usted quien lleva a cabo la acción, la terminación personal que sigue a la vocal temática es *-ø*. Si somos nosotros quienes hacemos la acción, el morfema que utilizamos es *-mos*. En este caso el verbo *hablamos* se compone de tres morfemas: *habl-, -a,* y *-mos*. También debemos mencionar que la terminación del verbo *hablar* en el infinitivo es el morfema *-r*.

Es importante notar que hay una diferencia entre un morfema y una letra del alfabeto. Por lo tanto, una letra del alfabeto puede representar múltiples morfemas, dependiendo del contexto de la letra en la palabra. Por ejemplo, tanto la forma verbal *hablo* y el sustantivo *muchacho* terminan en la letra *-o*. Sin embargo, esa letra *-o* representa dos diferentes morfemas. En el primer caso el morfema *-o* indica la primera persona del singular: *yo*. En el segundo caso, el morfema *-o* indica un sustantivo masculino. Ya que la misma letra significa dos cosas diferentes en distintos contextos morfológicos, se puede decir que la misma vocal funciona como dos morfemas diferentes.

La sintaxis amplía el estudio de la morfología al examinar la relación entre las palabras de una frase u oración con significado completo. Por ejemplo, si usted hace la pregunta "¿Entiende usted el concepto de la sintaxis?", la conjugación *entiende* viene antes del pronombre *usted*. En la respuesta, es posible contestar, "Sí, yo entiendo el concepto". Pero también se puede decir, "Sí, entiendo yo el concepto". La posición del pronombre *yo*, en este caso, es una cuestión de sintaxis. Estas dos oraciones, aunque comunican la misma idea básica, expresan esta idea de diferentes maneras debido a la sintaxis de la oración, o sea, el orden de las palabras en la oración.

Ahora bien, si la morfología y la sintaxis examinan la formación de palabras y la formación de oraciones, respectivamente, la fonología se dedica al estudio de un tema diferente. La fonología estudia específicamente los sonidos más básicos que determinan un significado cuando un hablante los articula. Mientras que el morfema es la unidad más pequeña de una palabra que tiene sentido, el fonema es el sonido más pequeño que puede cambiar ese significado. Es interesante notar que los fonemas mismos no tienen significado fuera de su relación con otros sonidos en un lenguaje. Por ejemplo, los sonidos /a/ y /e/ no significan nada si son articulados por un pájaro que canta. Pero si un hablante de español pronuncia esos sonidos cuando habla su lengua, los sonidos tienen la capacidad de cambiar el significado de las palabras.

Una manera fácil de determinar si un sonido es un fonema es el uso de pares mínimos. Un ejemplo de un par mínimo es padre/madre. La única diferencia en el sonido de estas dos palabras es /p/ y /m/. Sin embargo, alternar ese sonido cambia totalmente el significado de esos sonidos en las palabras *padre* y *madre*. Así, porque son un par mínimo, se puede definir los sonidos /p/ y /m/ como fonemas en el español.

Así como en el caso de los morfemas, es importante reconocer que hay diferencia entre una letra del alfabeto y un fonema. También como en el caso de los morfemas, una letra en español puede tener grandes variaciones fonológicas. Por ejemplo, en Hispanoamérica, la consonante *c* se representa con el fonema /s/ cuando aparece enfrente de las vocales *e* o *i*, pero es representada por el fonema /k/ si viene antes de las vocales *a*, *o*, o *u*. De esa forma, la palabra *celular* se escribe fonológicamente como /se-lu-lar/ mientras que la palabra *culebra* se representa en la fonología por /ku-le-bra/. La letra *c* del alfabeto tiene entonces por lo menos dos diferentes fonemas.

Por supuesto, no todos los diferentes sonidos en español son fonemas. El sonido de un fonema solitario puede cambiar en diferentes contextos. Sin embargo, si no afecta el significado de una palabra, entonces esas diferencias en pronunciación no representan diferentes fonemas. Tomemos como ejemplo el fonema /d/. En una posición inicial (al principio de una palabra) la letra del alfabeto *d* se pronuncia como /d/, por ejemplo en /dí-a/ o /di-ne-ro/. En una posición intervocálica (entre dos vocales) esa misma consonante se pronuncia /đ/. Este sonido se llama el *d* fricativo y se pronuncia como /th/ en inglés, por ejemplo, /ko-mi-đo/ o /kan-sa-đo/. Sin embargo, si usted pronuncia la palabra *cansado* como /kan-sa-do/ y no como /kan-sa-đo/ no cambia el significado de la palabra. En este caso, el sonido /đ/ se llama un alófono del fonema /d/. Un alófono es una variación del sonido de un fonema que no tiene la capacidad de cambiar el significado de una palabra. El concepto de la distribución complementaria explica que los sonidos tienen la tendencia a ser afectados por el contexto en el cual se encuentran. Por lo tanto, un sonido se encontrará en un cierto contexto y otro sonido no se encontrará en el mismo contexto. En otras palabras, cansado siempre se pronunciará /kan-sa-đo/ y nunca se pronunciará /kan-sa-do/. El alófono /đ/ del fonema /d/ siempre ocurrirá en este contexto entre dos vocales y ningún otro alófono del fonema /d/ será posible en el mismo contexto.

La morfología, la sintaxis y la fonología son sólo algunos ejemplos de las áreas de estudio dentro de la lingüística descriptiva. Dos fascinantes áreas de estudio que dependen de estas tres disciplinas principales son la lingüística histórica y la dialectología. La lingüística histórica estudia los cambios en el español desde su nacimiento a partir del latín vulgar, a través del tiempo. En español, las reglas de la morfología, la sintaxis y la fonología no han sido siempre iguales en el pasado, y en el futuro no serán lo que son hoy. El lenguaje es una entidad dinámica que siempre está evolucionando. La lingüística histórica estudia esas evoluciones.

La dialectología es un campo atractivo. Incluye el estudio de la fonología, la sintaxis y la morfología, además del de la lexicología, o las diferencias en vocabulario. La dialectología es el estudio de las comparaciones entre el español que se habla en diferentes países y diferentes regiones del mundo hispanohablante. Si usted no lo sabe todavía, sabrá pronto que un argentino no habla español igual que un mexicano o que un español. Las diferencias en pronunciación, sintaxis, morfología y léxica pueden ser muchas. Examinar esas diferencias, analizarlas y explicarlas es una de las tareas más interesantes de la lingüística descriptiva.

Mientras usted continúa con sus estudios del español habrá de enfocarse más en estas materias para poder no sólo manipular el lenguaje, sino entenderlo de una manera más profunda.

2.4 Después de leer Conteste las siguientes preguntas individualmente, basándose en la lectura que acaba de hacer.

1. ¿Cuáles son los tres campos de estudio de la lingüística descriptiva que menciona la lectura?

2. En sus propias palabras, ¿puede describir usted la diferencia entre la sintaxis y la morfología?

3. En su español, ¿tiene usted más problemas de tipo morfológico, sintáctico o fonológico? ¿Cuáles son sus problemas más graves en cada área lingüística? ¿Cree usted que la mayoría de los estudiantes de español tiene más errores en uno de los campos lingüísticos? ¿Cuál? ¿Por qué?

4. Otro campo de estudio lingüístico es la lingüística comparativa. En este campo se comparan las estructuras de diferentes lenguajes. ¿En qué se parecen el español y el inglés en los campos morfológicos, sintácticos y fonológicos? ¿En qué se diferencian?

5. ¿Ha tenido usted diferentes experiencias con el español hablado en diferentes países y regiones? ¿Puede usted pensar en ejemplos de diferencias dialécticas que se pueden estudiar en la dialectología?

Diario de reflexiones

Escriba en su diario por diez minutos sobre su reacción al tema de la lingüística descriptiva. Puede describir los problemas lingüísticos más difíciles que tiene en español, puede escribir sobre las diferencias lingüísticas en inglés o en español que usted ha notado entre regiones geográficas, puede reflexionar sobre el sonido de diferentes lenguajes y cómo lo afectan o puede escribir sobre cualquier otra cosa que se le ocurra relacionado con el tema de este capítulo. No escriba su diario en un procesador de palabras sino a mano, en su cuaderno. No busque palabras en el diccionario. Si no conoce una palabra, intente pensar en otra equivalente o simplemente escriba la palabra en inglés. Tampoco se preocupe mucho por la gramática. Sea tan correcto como pueda, pero no se detenga a consultar reglas gramaticales. Escriba todo lo que usted pueda en diez minutos. Sea generoso con sus ideas y con su lenguaje.

COMPOSICIÓN: LA CORRESPONDENCIA

Introducción

La capacidad de escribir correspondencia personal es una de las destrezas más importantes que debe dominar una persona que quiera aprender otra lengua. La correspondencia personal incluye documentos como cartas, mensajes electrónicos y tarjetas para ocasiones especiales. Las funciones sociales que estos documentos cumplen son muchas. Usted puede mantenerse en contacto con un amigo que no vive cerca o a quien no ve con mucha frecuencia. Puede desearle a un ser querido los mejores deseos en un cumpleaños o durante las fiestas decembrinas. Puede felicitar a un amigo por sus logros más recientes o puede pedirle perdón a alguien a quien ha ofendido y a quien no quiere hablarle en persona. Usted puede presentarse a la familia con quien va a vivir durante un programa de estudio en el extranjero o puede declararle su amor eterno a un ser especial en un romántico Día de San Valentín. En fin, hay muchas ocasiones que se prestan para escribir correspondencia personal en español. Este capítulo tiene como objetivo ayudarlo a mejorar su capacidad lingüística para poder escribir este tipo de redacción.

Ahora bien, al principio del siglo XXI hay muchas nuevas maneras de comunicarse por escrito, gracias a las nuevas tecnologías. Los mensajes electrónicos y el mensajero instantáneo (IM, por sus siglas en inglés) son dos de esas nuevas modalidades. A diferencias de las cartas o las tarjetas sociales tradicionales, esas nuevas formas de comunicación escrita comparten muchas características del lenguaje oral. Es probable que usted no examine detalladamente la gramática de sus mensajes electrónicos antes de enviarlos. Además, en general, nadie se preocupa por escribir párrafos bien formados cuando escribe en el mensajero instantáneo. De modo que hay que reconocer que la necesidad de escribir efectivamente correspondencia social ha disminuido con el desarrollo de esas nuevas tecnologías.

Sin embargo, es peligroso descuidar demasiado la atención que usted le presta a su comunicación social escrita. Por ejemplo, una cosa es comunicarse utilizando IM con una amiga que usted conoció mientras estudiaba en España y otra cosa es enviarle un mensaje electrónico a un viejo maestro de español de la escuela secundaria para decirle cómo le va a usted en la universidad. En el primer caso, es posible que las normas del buen escribir no sean de importancia primaria. En el segundo caso, no obstante, probablemente querrá escribir de una manera más formal y correcta, aunque su propósito todavía sea principalmente social.

Entonces, cuando usted escribe una carta social hay algunos detalles que hay que mantener en mente:

1. Comenzar con un saludo apropiado. Lo más común es "Querido _____:" si usted le escribe a un hombre o "Querida _____:" si usted se comunica con una mujer.

2. Empezar con una introducción, en la cual usted le pregunta a la persona cómo está y qué novedades hay en su vida, y mencionar cómo está usted y la razón de su correspondencia.

3. Dar más detalles sobre la razón por la cual usted escribe en uno o dos párrafos.

4. Concluir brevemente con una o dos oraciones, si usted quiere pedirle a la persona específicamente que conteste su carta, pero tal conclusión no siempre es necesaria ni recomendable.

5. Terminar con una despedida apropiada para la relación que usted tiene con la persona a la que le escribe. Algunas de las despedidas más comunes entre amigos, seres queridos y personas que usted conoce muy bien son: "Un abrazo", "Mil besos", "Besos y abrazos" y "Con mucho cariño". Cuando usted le escribe a personas con quienes tiene una relación un poco menos íntima, puede terminar con: "Saludos", "¡Hasta pronto!" y "Tu [o Su] amigo".

Tomando en cuenta estos detalles básicos y prestándole atención particular al lenguaje (la gramática, el vocabulario, la conjugación de verbos) usted puede escribir una correspondencia social efectiva y apropiada.

2.5 Ejercicio de comprensión   Luego de leer la información sobre la correspondencia, conteste las siguientes preguntas.

1. ¿Cuáles son algunas formas de correspondencia social en la vida moderna?

2. ¿Cuáles son algunas de las funciones comunes de la correspondencia social?

3. ¿Cuál es un peligro de comunicarse tanto a través de mensajes electrónicos como de mensajero instantáneo?

4. En la estructura de una carta social tradicional, ¿qué viene después de una breve introducción?

5. ¿Cómo puede usted cerrar una correspondencia social dirigida a alguien con quien usted no tiene una relación muy íntima?

● PASO 1: Trabajo escrito

Como usted leyó en la introducción, hay muchas formas de correspondencia social en el mundo moderno. Por fin le ha llegado a usted la oportunidad de redactar su propia carta social en español. Esta correspondencia puede ser una carta tradicional, un mensaje electrónico, una tarjeta social u otro tipo de correspondencia social. Los únicos requisitos son que tenga un saludo y una despedida, que sea de una página y que sea una correspondencia social.

2.6 Antes de escribir Conteste las siguientes preguntas.

1. ¿Qué tipo de correspondencia social decidió usted escribir? ¿Por qué? ¿Por qué escogió ese tipo y no otro? ¿Qué efecto tiene esa decisión en la manera que escribirá la correspondencia?

2. ¿A quién le va a escribir usted su correspondencia? ¿Qué tipo de relación tiene con esa persona? Descríbala.

3. ¿Cuál será el tema de su correspondencia? ¿Qué lenguaje va a necesitar para tratar este tema? ¿qué adjetivos? ¿qué adverbios? ¿qué verbos? ¿qué sustantivos?

4. ¿Qué saludo y qué despedida va a utilizar usted? ¿Por qué ésos y no otros? ¿Comunica esa decisión algo especial sobre la persona a quien le escribe?

5. ¿Qué emociones quiere usted transmitir mientras escribe esa correspondencia? ¿Por qué? Descríbalas.

CONSULTORIO gramatical

El presente del indicativo

En el primer capítulo y en éste usted escribe textos en el presente. Tanto en las descripciones como en la correspondencia hay que poder comunicar con eficacia el mundo que rodea al escritor en el momento que escribe. El presente del indicativo es el tiempo verbal de más utilidad en estos tipos de escritura. Es importante también que usted no pierda de vista la concordancia de los verbos con los adverbios y con los sustantivos. Para obtener una explicación detallada sobre el paradigma verbal del presente del indicativo, además de sus usos y funciones, usted puede consultar **Atajo** (**Grammar:** Verbs: Present; Verb Conjugator: Presente).

Para practicar el presente del indicativo, véase el **www.thomsonedu.com/spanish/ hacianivelesavanzados**

● **PASO 2: Bosquejo**

Este trabajo escrito es distinto al que usted escribió en el **Capítulo 1**. Aunque no tenga una función oral sino escrita, de todas maneras, tiene una estructura: antes de empezar a escribir, usted deberá considerar las siguientes preguntas. Otra vez, no es necesario contestar todas las preguntas y es posible que haya otros elementos que usted deba considerar.

I. **Introducción**

   a. ¿Qué saludo va a utilizar? ¿Por qué?

   b. ¿Cómo va a establecer un tono en su correspondencia antes de pasar al cuerpo?

   c. ¿Va a hacerle preguntas a la persona a quien le escribe? ¿Va a contestar algunas preguntas de una correspondencia anterior?

II. **Cuerpo**

   a. ¿Está clara la razón por la que escribe?

   b. Si espera una respuesta, ¿lo ha comunicado efectivamente? Si quiere que la persona haga algo, ¿se lo ha dicho claramente?

   c. ¿Ha mantenido usted un tono apropiado para este tipo de correspondencia personal? ¿Cómo ha logrado este tono?

   d. ¿Les ha prestado atención a los elementos básicos lingüísticos como la gramática, la morfología y la sintaxis?

III. **Conclusiones**

   a. Si en la introducción no le ha hecho ninguna pregunta al destinatario, ¿debe incluir alguna aquí?

   b. ¿Ha recalcado al final el sentimiento más importante que quiso comunicar en esa correspondencia?

   c. ¿Cómo determinó usted cuál es la mejor despedida para este tipo de correspondencia? ¿Está contento(a) con su selección de despedida?

● PASO 3: Primer borrador

Ahora usted está listo para escribir el primer borrador. En este punto, el primer borrador debe ser su mejor intento de poner en palabras sus ideas. Debe escribir su correspondencia en un procesador de palabras. Tenga cuidado de poner todos los diacríticos al usar el procesador de palabras. Preste atención a la organización que ha desarrollado en el bosquejo y también al vocabulario y a la gramática.

Escriba la correspondencia lo mejor que pueda para la fecha indicada por su instructor(a). Ese día intercambiará su carta en la clase con un(a) compañero(a). En la clase o en casa leerá el texto escrito de su compañero(a). Lo deberá corregir empleando la lista de cotejo que se encuentra a continuación.

I. **Contenido**
- □ ¿Tiene un saludo apropiado?
- □ ¿Es creativa la correspondencia?
- □ ¿Se han incluido todos los elementos necesarios para comunicarse efectivamente por correspondencia con la otra persona?
- □ ¿Qué ideas específicas del trabajo se deben aclarar más, eliminar o ampliar?
- □ ¿Hay pocos o demasiados detalles?
- □ ¿Hay muchas repeticiones?

II. **Organización general**
- □ ¿Está bien organizada la correspondencia?
- □ ¿Son coherentes los párrafos?
- □ ¿Qué cambios se deben hacer para mejorar la organización?

III. **Vocabulario y gramática**
- □ ¿Qué palabras del vocabulario cambiaría usted para que el trabajo sea más interesante o variado?
- □ ¿Qué aspectos gramaticales necesitan ser más trabajados?

IV. **Detalles u otros comentarios o crítica constructiva**

También necesita usar los códigos de corrección en el **Apéndice 2** para corregir todos los errores lingüísticos que pueda encontrar en el texto. En la fecha indicada por su instructor(a), traiga a clase el ensayo de su compañero(a) completamente editado y con su nombre y apellido, junto con la palabra *Corrector(a)* en la parte de arriba de la primera página del ensayo.

ESTRATEGIAS de escritura

Correspondencia profesional

En este capítulo nos enfocamos en la correspondencia social. Sin embargo, también habrá ocasiones cuando usted querrá o tendrá que escribir una carta más profesional. En este caso, hay que tener cuidado especial con los saludos y las despedidas. En la correspondencia comercial el saludo más común es "Estimado(a)". No se usa "Querido(a)" en un contexto profesional en ningún caso. La expresión "Estimados señores" para decir *To whom it may concern*" también es tradicional. En cuanto a las despedidas, algunas de las más populares son "Sinceramente", "Cordialmente", "Atentamente" y "Sin otro particular, quedo de usted atentamente".

2.7 Corrección de errores La siguiente carta social no ha sido corregida. Corríjala utilizando los códigos de correción del **Apéndice 2.**

Querido Marta,

Que gusto recibir tu mensage el otro dia! Felicitaciones en el nuevo trabajo! Yo se que va a ganar mucho mas que ganó en este otro trabajo que tuviste. Yo sabia que pudiste hacer mejor. Pronto espero que verte para felicitar a tú en persona. ¿Y como está Juan Antonio? Uds. Van a celebrar tu aniversario muy pronto, ¿no? ¿Sabes qué van hacer para celebran? ¿El va a hacer una cosa especial?

ablando de novios, nunca vas a pensarlo pero yo encuentro un chico la semana pasada en una fiesta. Se llama es Steven. Es alto y mucho guapo. Tiene moreno pelo y ojos de color cafe. Hablamos durante todo la fiesta. El hizo mi reir mucho. Es el chico más guapo y más simpatico que he sabido desde que me rompé con Dave ocho meses pasados. Yo dé a él mi numero de telefono cuando yo salí de la fiesta.

¡Anoche el me llamo! Me invitó a ir al cine el sábado en la noche. ¡Estoy mucho contento! ¿Qué pelicula piensa tú que deberíamos ver? ¿Tal vez algo romántico? ¿Has vido una buena pelicula romantica recientemente? Ahora tengo que decidir qué ropa voy a llevar. ¿Tú recordas mi falda negra? Creo que voy a llevar esta con una nueva blusa que mi mama me diste para la navidad.

Bueno, tengo que ir. Tengo un examen grande en mi clase de Biología. No me gusto este clase. El professor es aburrido y muy difícil. Siempore da a nosotros examenes demasiado largo y difícil. Por favor, escribame muy pronto. Quiero saber qué piensas que debo hacer con Dave. Tu siempre conoces qué hacer con los chicos. Yo nunca soy seguro. Te extraño mucho, Marta. Ojalá que tú estás aqui con yo. ¡Entonces, me puedes decir que hacer! ☺

Un abrazo muy fuerte de tu amiga,

Kristen

PASO 4: Conversaciones sobre el tema

Un paso importante en la creación de composiciones escritas es la formulación de las ideas propias. En este capítulo usted tiene mucha libertad en cuanto a la selección del tema de la carta que está escribiendo. Sin embargo, será necesario prestarles atención particular a las áreas de la lingüística descriptiva, según aparecen en su carta. Con un(a) compañero(a) o en grupos pequeños, comente las cuestiones lingüísticas que surgieron cuando trabajaba en su carta. Puede sacar ejemplos de la sección de **Corrección de errores.**

1. ¿Cuáles son algunos problemas morfológicos que le causaron problemas a usted en la carta? ¿Son los mismos problemas que tienen otros estudiantes?

2. Con respecto a la sintaxis de las oraciones en su carta, ¿hubo situaciones en las que usted no estaba seguro de cuál era la sintaxis correcta?

3. Si tuviera que leer esta carta en voz alta, ¿cuáles serían los problemas fonológicos que tendría? ¿las vocales? ¿las consonantes? ¿cuáles? Lea

en voz alta su carta o la carta de la sección **Corrección de errores** para ver si su compañero(a) puede identificar algunas áreas fonológicas en las que usted necesita más práctica.

4. De los tres campos de estudio lingüístico que estudiamos en este capítulo —la morfología, la fonología, la sintaxis—, ¿cuál le dio a usted más problemas al escribir una carta social? ¿Cuál cree que le da más problemas en general? ¿En cuál tiene menos problemas? ¿Por qué? ¿Cómo lo sabe?

5. ¿Por qué decidió escribirle su carta social a la persona que usted eligió? ¿Le gustaría enviarle esa carta a ese individuo de verdad? ¿Cuándo fue la última vez que le escribió a esa persona? ¿Qué diría esa persona si pudiera leer la carta que le ha escrito?

ESTRATEGIAS orales

La fonética: Vocales

Para hablar español con un acento correcto, hay que prestarle atención particular a la cualidad fonética de las vocales. Cada una de las cinco vocales en español —*a, e, i, o, u*— sólo tiene una pronunciación para cada una. Esta situación fonética es muy diferente a la del inglés, en el cual las vocales tienen como mínimo una pronunciación distinta para el sonido vocálico "breve" y otra para el sonido vocálico "largo". De modo que en inglés la vocal *e* en la palabra *bet* se pronuncia como /bĕt/ con una /ĕ/ breve, mientras que la misma vocal en el verbo *to be* se pronuncia /bē/ con una /ē/ larga. No existe esa dificultad con las vocales en el español. Así que no hay excusa para no pronunciarlas correctamente. Practique la pronunciación de las cinco vocales —*a, e, i, o, u*— en español y siempre présteles mucha atención y trate de no ser perezoso cuando las pronuncie.

• PASO 5: Segundo borrador

Ahora usted ha recibido de su compañero(a) su primer borrador con las ediciones, correcciones y sugerencias de su compañero(a)-corrector(a). Saque una fotocopia del **Apéndice 1: Reacciones del autor.** Usted necesita completar la hoja e incorporar en el segundo borrador todas las ediciones, correcciones y sugerencias del editor que usted encuentre apropiadas. Su instructor(a) le indicará si usted le entregará el segundo borrador para que lo evalúe, o si será editado por un(a) segundo(a) compañero(a). Si las conversaciones de **Paso 4: Conversaciones sobre el tema** lo han hecho pensar en algo novedoso para su carta, ahora también usted tiene oportunidad de incluir esas nuevas ideas.

ESTRATEGIAS de escritura

Cómo poner acentos escritos en la computadora

En un texto escrito, los acentos escritos son tan importantes como las letras mismas del alfabeto. De la misma manera que sería inaceptable escribir en el procesador de palabras todas las consonantes y escribir las vocales a lápiz o con un bolígrafo después, es inaceptable escribir las letras en la computadora y añadir los acentos con bolígrafo después. Además, es muy fácil aprender a poner los acentos. Abajo se encuentran dos tablas, una para los acentos en Microsoft Word 98 hasta la presente versión, y la otra para cualquier programa (incluyendo programas de correo electrónico) en una PC.

Acentos en MS Word 98– versión presente

Ctrl + ' (soltar) + a = á
Ctrl + ' (soltar) + e = é
Ctrl + ' (soltar) + i = í
Ctrl + ' (soltar) + o = ó
Ctrl + ' (soltar) + u = ú
Shift + Ctrl + : (soltar) + u = ü
Shift + Ctrl + ~ (soltar) + n = ñ
Shift + Ctrl + Alt + ? = ¿
Shift + Ctrl + Alt + 1 = ¡

Acentos en PC en cualquier programa (incluyendo correo electrónico)

1. La luz de "Num Lock" tiene que estar encendida
2. Hay que usar el teclado numérico a la derecha del teclado

Alt + 129 = ü
Alt + 130 = é
Alt + 160 = á
Alt + 161 = í
Alt + 162 = ó
Alt + 163 = ú
Alt + 164 = ñ
Alt + 168 = ¿
Alt + 173 = ¡

Claro, vale poco saber cómo poner los acentos escritos en la computadora si usted no sabe dónde y cuándo ponerlos. Hay reglas muy precisas y lógicas que determinan la acentuación en español. Si usted necesita revisar esas reglas que determinan cuándo se escriben los acentos en español, puede consultar **Atajo** (**Grammar:** Accents: General Rules; Accents on Monosyllables; Accents on Interrogatives; Accents on Dipthongs; Accents on Demonstratives).

Para escuchar una lección de iRadio sobre la acentuación y la ortografía, visite **www .thomsonedu.com/spanish**

● **PASO 6: Trabajo final**

Después de recibir las ediciones, las correcciones y las sugerencias sobre el segundo borrador de un segundo corrector o de su instructor(a), usted tiene otra oportunidad más de pulir y mejorar su trabajo. Ahora usted tiene dos borradores y muchas ediciones, correcciones y sugerencias que tomar en cuenta. Con toda esa información, escriba el ensayo una vez más. Éste será su trabajo final. Entrégueselo a su instructor(a) en la fecha indicada.

CONSULTORIO gramatical

Verbos en el futuro

Al escribir correspondencia social es muy común que usted quiera comunicar lo que va a hacer o lo que va a ocurrir en el futuro. Si usted quiere comunicar ideas sobre el futuro, tiene dos opciones: utilizar el tiempo verbal del futuro simple o utilizar ir + a + infinitivo. Para una explicación detallada sobre el uso de estas dos formas de expresar el futuro, usted puede consultar **Atajo** (**Grammar:** Verbs: Future; Verbs: Future with *ir*).

Para practicar el uso de los verbos en el futuro, véase el **www.thomsonedu.com/spanish/ hacianivelesavanzados**

FRENTE A LA COMPOSICIÓN ESCRITA

© Eitan Abramovich/AFP PHOTO/Getty Images

Sobre el autor

Jaime Bayly es uno de los jóvenes novelistas más destacados del Perú. Su primera novela, *No se lo digas a nadie* (1994) dio mucho de qué hablar y escandalizó tanto en Lima como en el resto de Latinoamérica por su representación de un adolescente peleando con su orientación sexual en la sociedad super conservadora de la ciudad capital de Perú. Poco después se hizo una versión cinematográfica que también disfrutó de mucho éxito popular y crítico. Desde entonces, Bayly ha escrito más de media docena de novelas más. En varias de estas novelas ha seguido desarrollando personajes homosexuales y bisexuales, un tema tabú en muchos círculos conservadores en el mundo hispanohablante.

Además de su trabajo como escritor, Bayly sigue trabajando en su primera carrera, como periodista y anfitrión de *talk shows* de índole política en la televisión y la radio. Aunque se producen y graban en Miami, sus programas llegan a varios mercados en Latinoamérica. Bayly vive en Miami con su esposa y sus dos niños.

La lectura que sigue es una sección de un capítulo de *Los amigos que perdí* (2000). En esta novela, un personaje ficticio que es novelista les escribe cartas a varios de sus amigos, ya sea defendiéndose o pidiéndoles perdón por haber creado en sus novelas anteriores personajes ficticios basados en las vidas de esos amigos verdaderos.

Léxico temático

aguantar *to put up with; to bear; to stand*

ahorita *right away; in a "sec"*

el contestador *answering machine*

cruzarse con alguien *to bump in to someone; to meet by accident*

cumplir *to make good on your word*

el dormilón *a person who loves to sleep; sleepyhead*

equivocado(a) *mistaken; wrong*

las palabrotas *bad words*

pedir disculpas *to beg pardon; to apologize*

el pesado *jerk; bore; annoying person*

quedar en + infinitivo *to agree to do something*

¡qué diablos! *what the hell!*

la timidez *shyness*

torpe *clumsy*

2.8 Ejercicio léxico Empareje las palabras en español en la columna de izquierda con las definiciones correctas en la columna de la derecha.

1. equivocado
2. dormilón
3. timidez
4. palabrotas
5. ahorita
6. aguantar
7. torpe
8. cumplir
9. pedir disculpas
10. pesado

a. con poca sutileza o cuidado
b. pedir que alguien lo perdone
c. persona no muy simpática
d. hacer lo que prometes
e. haber cometido un error
f. alguien a quien le gusta dormir
g. sin mucha confianza personal
h. malas palabras
i. muy pronto
j. soportar

2.9 Más práctica léxica   En una hoja aparte traduzca al inglés las siguientes frases. Utilice las frases de la lista antes presentada.

1. "Siento la necesidad de decirte todas estas cosas y otras más, pedirte disculpas por las imprudencias que cometí..."

2. "Tú estabas decepcionada de un pintor muy guapo, profesor de la universidad, que prometió llamarte y no cumplió".

3. "La verdad es que no sé qué diablos hago en Miami, no sé cuándo voy a tener el coraje de regresar a Lima y darle la cara a mi destino".

4. "Me contaste que te habías ganado una beca para hacer un doctorado en sociología en Yale, pero que sólo aguantaste un semestre y luego te trasladaste a Columbia..."

5. "No quería cruzarme con tu madre, que debe de estar furiosa conmigo por los libros que he publicado..."

 2.10 Antes de leer   Conteste las siguientes preguntas en grupos pequeños.

1. ¿Por qué generalmente pelean los amigos? ¿Cuáles son las peores peleas? ¿Cuáles son las razones más estúpidas para una pelea entre amigos?

2. ¿Cuándo fue la última vez que usted se peleó con un amigo? ¿Cuál fue la causa? Después de un tiempo, ¿se perdonaron los dos?

3. ¿Son las peleas entre amigos más fáciles o menos fáciles de superar que las peleas entre novios y amantes? En una relación, ¿los hombres y las mujeres pelean de la misma manera? ¿En qué se parecen y en qué se diferencian sus maneras de pelear?

4. ¿Por qué es tan difícil perdonar? ¿Es más difícil pedir perdón a un amigo o es más difícil perdonar cuando un amigo se lo pide? ¿Hay algunas ofensas entre amigos que son imperdonables? ¿Cuáles son?

ESTRATEGIAS de lectura

El uso del diccionario al leer

En el **Capítulo 1** usted aprendió que hay que tener mucho cuidado al buscar palabras en el diccionario cuando escriba o hable. Es muy fácil escoger la palabra equivocada y terminar con un lenguaje prácticamente incomprensible. ¿Entonces, cómo aprende usted nuevo vocabulario si no busca palabras nuevas en el diccionario? El mejor momento de aprender nuevo vocabulario es cuando se lee. Cuando usted lee, tiene un contexto completo creado por un hispanohablante nativo. De manera que si busca una palabra que no conoce en el diccionario, usted tendrá más información para tomar una decisión más inteligente sobre qué puede significar esa palabra en el contexto que el texto presenta. Como consecuencia, usted tendrá un ejemplo de cómo se usa esa palabra y podrá intentar ajustar su lenguaje escrito y hablado basándose en ese ejemplo.

¡Ojo! Si usted intenta buscar en el diccionario todas las palabras que no entiende, podrá tardar dos horas en leer una página. Intente usar el contexto para entender algunas palabras que no conoce sin buscarlas en el diccionario. Si una palabra desconocida aparece dos o tres veces en el texto, probablemente usted deba buscarla en el diccionario. Una posible recomendación sería buscar como máximo cuatro o cinco palabras por página. Si intenta buscar muchas más, usted perderá la concentración en el texto y se frustrará.

Los amigos que perdí

Queridísima Melanie:

Ayer, después de tanto tiempo sin hablarnos, te llamé a tu casa en Nueva York. Estaba nervioso. No sabía bien qué decirte. Pensé; ojalá me conteste la máquina. Así fue. Escuché tu voz, tu perfecto inglés: *hi, this is 464-2151, if you want to leave a message either for Melanie or Eric, please speak after the tone.* No sé si me alegró saber que sigues con Eric. Supongo que sí. A pesar de que no lo conozco, le tengo simpatía. En realidad, lo vi una vez, hace años, en Austin, una mañana en que tú y yo caminábamos felices y un chico más bien bajito, de pelo negro, te pasó la voz y te saludó desde lejos, con una cierta (encantadora) timidez, como respetando nuestra complicidad, y tú le sonreíste y le dijiste algo de paso y creo que quedaron en verse pronto. Tú estabas decepcionada de un pintor muy guapo, profesor de la universidad, que prometió llamarte y no cumplió. Ya te habías desencantado de Brian. Estabas sola. Necesitabas un hombre, la ilusión del amor. No sospeché siquiera vagamente que ese chico tímido, cuyo rostro no alcanzo a recordar, se convertiría en tu hombre. Es bueno saber que siguen juntos. Por la manera suave y distante como te saludó, me quedé con un bonito recuerdo de Eric.

Traté de hablarle a tu contestador con una voz cálida: *hola Melanie. Soy Manuel. Es domingo, son las cuatro de la tarde, te estoy llamando desde mi casa en Miami. Conseguí tu teléfono en información. Espero que no te moleste esta llamada. Te llamo porque voy a ir a Nueva York en dos semanas y me encantaría verte. Si te provoca que nos veamos, llámame a mi casa al 305 361 4020. Me encantaría saber de ti. Si no, te mando un abrazo, espero que estés muy bien, te recuerdo siempre con mucho cariño. Chau, chau.* Me sentí bien de haberte llamado. No dudo que habrás notado mis nervios, mi inseguridad. Odiaría que hayas pensado: otra vez el pesado de Manuel entrometiéndose en mi vida, para luego escribir sobre mí. Te llamé simplemente porque te extraño. Y no me atrevo a decirte que nunca más escribiré sobre ti. Quizás siempre escriba sobre ti, pensando en ti. Es lo que estoy haciendo ahora. Es una manera de decirte que, aunque no me llames y no me hables más, siempre te voy a querer.

Esta mañana me levanté a las diez —tú sabes que soy un dormilón y que adoro levantarme tarde y sin prisa—, bajé a la cocina y vi apenado que el teléfono no había grabado ningún mensaje. Todavía no me has llamado. Sé que no me llamarás. Por eso me he sentado a escribirte esta carta.

Recuerdo bien la última vez que nos vimos. Fue en Lima, hace ya un par de años. Pasé por el departamento de tu madre en el malecón, a pocas cuadras del hotel donde estaba alojado, y, muerto de miedo, como te imaginarás, porque no quería cruzarme con tu madre, que debe de estar furiosa conmigo por los libros que he publicado, toqué el timbre y, al oír la voz amable de la empleada, me animé a preguntar por Laura, tu hermana, que no sabía si seguía en Nueva York o había regresado a Lima. Dije mi nombre por el intercomunicador y esperé resignado a que apareciese tu madre en bata por la ventana diciéndome un par de palabrotas. Tu madre, que es una dama, es incapaz de decirme un par de lisuras desde la ventana, lo sé, pero yo, que siempre me espero lo peor, temía que ella me echase a gritos de su casa. No fue así, por suerte. Para mi sorpresa, apareciste tú por la ventana del quinto piso y, con el pelo mojado y una sonrisa inesperada y maravillosamente dulce, me dijiste *chino, qué haces aquí, espérame que ahorita bajo*. No demoraste mucho en bajar. Nos dimos un gran abrazo, un abrazo como los de antes, y es que nadie, Melanie, nadie me abrazó tan rico como tú en aquellos años en que fui tan malo contigo (y conmigo). Hablamos cuatro cosas sin importancia, yo por supuesto embriagado por la felicidad° de ver que todavía me querías un poquito, y me dijiste que sólo habías ido a Lima unos pocos días y te dije que estaba alojado en el hotel a la vuelta y me dijiste que odiabas ese hotel porque había llenado de carros y ruido el vecindario y quedamos en vernos ese fin de semana, antes de que te fueras, porque en ese momento estabas apurada, ibas a salir con un chico que estaba contigo arriba.

drunk with
happiness

Prometí llamarte, reprimí mis deseos de preguntarte quién era el afortunado que estaba contigo arriba escribiendo en la computadora, y nos despedimos bonito.

El hotel definitivamente no te gustó. Me sorprendió que me dijeras que te parecía un hotel huachafo, de mal gusto. Yo lo encuentro elegante, refinado, incluso lujoso,° y nada de eso, para serte franco, me molesta en absoluto. Si bien el hotel no te gustó, aceptaste quedarte allí conmigo, aunque intuí que no estabas tan contenta de verme como la otra mañana. Te veías linda, como siempre: tu pelo ensortijado,° tu invencible sonrisa, tus ojos que me vieron caído, ese cuerpo armonioso, de una palidez tan sensual, que alguna vez acaricié pero que nunca fue mío en verdad.

Pasamos al bar. Yo, en general, detesto los bares, porque no bebo alcohol, no fumo y no tolero que fumen a mi lado y me intoxiquen con el humo, pero el bar del hotel estaba desierto y además nos permitieron subir a *la mezzanine*, como dijo Carlita, la adorable camarera, y creo que allí, en ese lugar privado, con una enorme mesa de billar, la más grande de Lima según nos dijo la dulce Carlita, y un sillón de cuero muy bonito en el que rápidamente nos instalamos —yo por supuesto dándote mi mejor perfil, el derecho—, creo que allí te sentiste más cómoda que afuera, en el lobby y la biblioteca, que, aún no me explico por qué, no te gustaron para nada. Pedimos jugos y alguna cosita rica para picar. Carlita se marchó en su uniforme verde que hacía juego con la mesa de billar.

Me contaste que te habías ganado una beca para hacer un doctorado en sociología en Yale, pero que sólo aguantaste un semestre y luego te trasladaste a Columbia, donde estabas feliz, pues habías cumplido un viejo sueño, irte a vivir a Nueva York, y habías hecho buenos amigos y vivías sola pero seguías con Eric, que se había quedado en Austin. Te dije que te admiraba, que me sentía orgulloso de ti. Sigo admirándote. Has hecho una brillante carrera académica. Maestría en Austin, doctorado en Nueva York. Y sola, Melanie. Sin la ayuda económica de tus padres. Gracias a tu inteligencia y tu espíritu de lucha. Nunca imaginé que la chica reilona° que se paseaba tan leve por la vida, aquella chica que conocí en la universidad, llegaría tan lejos como has llegado. Yo, te lo dije en el bar sólo para robarte una sonrisa, a duras penas terminé el colegio. Y mira tú todo lo que has logrado por tus propios méritos. Si yo fuera tu padre, estaría tan orgulloso de ti. Tu padre, ese señor tímido, delgado, demasiado civilizado para una ciudad tan caótica como Lima, ese señor que no triunfó como arquitecto ni prosperó en los negocios sólo porque siempre hizo las cosas derechas y obedeció las leyes, ese señor que nació en el país equivocado y escogió equivocadamente el mundo cruel de los negocios y que, como me dijiste alguna vez, habría sido tanto más feliz como científico en una buena universidad norteamericana, tu padre, don Antonio, a quien vi hace

luxurious

in curls

smiley

años en el aeropuerto de Lima y prefirió tímidamente no saludarme, tu padre debe de estar tan orgulloso de ti. Bien por eso, Melanie.

Yo te conté que seguía viviendo en Miami, haciendo televisión, porfiando por escribir.° Te dije que por fin había aceptado mi sexualidad y había hecho buenos amigos en Miami. Mentiras. Sólo quería impresionarte, darte una imagen de madurez. No sé si me he liberado ya de las culpas que me han impedido aceptar serenamente —y gozar todo lo posible— mi condición de bisexual o, si quieres que sea más preciso, de bisexual con una inclinación más fuerte a las mujeres. Digo esto último porque yo de ti, hace más de diez años, me enamoré, a mi torpe manera pero me enamoré, y no era el mío un amor encendido por el deseo físico sino por la complicidad y la ternura, y no me atrevo de decir que tú te enamoraste de mí, pero si algo parecido al amor sentiste por mí, estoy seguro de que no estuvo inspirado por mi cuerpo esmirriado° y mis presurosos besos de principiante.° Me duele confesarte ahora la verdad, Melanie: tengo treinta años, nunca me he permitido la felicidad de amarte, no tengo amigos aquí en Miami, la ciudad en la que sigo viviendo, solo y en silencio, y aquello que te dije en el bar del hotel, *en Miami me siento libre y puedo ser feliz como me dé la gana,* me suena ahora falso. Y demasiadas mentiras te dije cuando me enamoré de ti. No quiero seguir mintiéndote. La verdad es que no sé qué diablos hago en Miami, no sé cuándo voy a tener el coraje de regresar a Lima y darle la cara a mi destino.

Quizás nada de esto te interesa ya, quizás yo sea sólo un recuerdo amargo para ti, pero voy a seguir escribiéndote esta carta, no porque tenga una vaga esperanza en salvar nuestra amistad, a la que tú al parecer has decidido poner punto final, sino porque simplemente siento la necesidad de decirte todas estas cosas y otras más, pedirte disculpas por las imprudencias que cometí y seguramente te disgustaron y hasta te hicieron sufrir, darte una explicación si la encuentro y me suena convincente, y sobre todo decirte que, pase lo que pase, será difícil dejar de recordarte con cariño.

margin notes: trying to write · thin, stringy beginner

2.11 Después de leer Conteste las siguientes preguntas individualmente, basándose en la lectura que acaba de hacer.

1. ¿Por qué había llamado por teléfono Manuel a Melanie?
2. ¿Conoció Manuel a Eric, el novio de Melanie? ¿Dónde y cómo?
3. ¿Cuándo fue la última vez que Manuel y Melanie se vieron?
4. ¿De qué tenía miedo Manuel cuando visitó la casa de Melanie?
5. ¿Por qué a Manuel no le gustan los bares?
6. ¿A qué se dedica profesionalmente Melanie?

7. ¿Cómo describe Manuel al padre de Melanie?

8. ¿Dónde vive Manuel y qué hace allí?

9. ¿Qué dificultades tiene Manuel con su sexualidad?

10. ¿Está contento Manuel en Miami? ¿Por qué sí o no?

 2.12 Análisis de composición escrita Responda a las siguientes preguntas de análisis sobre la lectura que acaba de hacer. Puede trabajar individualmente o en grupo, según le indique su instructor(a).

1. ¿Cómo comienza Manuel su carta? ¿Qué significa? ¿Cuáles hubieran sido otras opciones para comenzar su carta?

2. Comente usted la sintaxis en la siguiente oración de la carta de Manuel: "Digo esto último porque yo de ti, hace más de diez años, me enamoré, a mi torpe manera pero me enamoré".

3. ¿Qué significa el morfema *-on* en las siguientes palabras de la carta: *dormilón, reilona, sillón* y *malecón*?

4. ¿Por qué cree usted que Manuel le escribe esta carta a Melanie? ¿Cuál es el propósito de la carta? ¿Cómo lo sabe usted?

5. ¿Es Manuel un personaje simpático? ¿Por qué cree usted que sí? Si usted fuera Melanie, ¿perdonaría a Manuel? Si no está seguro, ¿qué condiciones serían importantes conocer antes de decidir?

Diario de reflexiones

Escriba en su diario por diez minutos sobre su reacción a la lectura que acaba de hacer. Puede escribir sobre su reacción a la tensión en la amistad entre Melanie y Manuel, sobre un conflicto que usted tiene con un amigo, sobre la dificultad o la facilidad de perdonar a amigos o sobre cualquier otra cosa que se le ocurra relacionada con el tema de esa lectura. No escriba su diario en un procesador de palabras sino a mano, en su cuaderno. No busque palabras en el diccionario. Si no conoce una palabra, intente pensar en otra equivalente o simplemente escriba la palabra en inglés. Tampoco se preocupe mucho por la gramática. Sea tan correcto como pueda, pero no se detenga a consultar reglas gramaticales. Escriba todo lo que usted pueda en diez minutos. Sea generoso con sus ideas y con su lenguaje.

FRENTE A LA COMPOSICIÓN ORAL

Preparar el escenario

María de la Gracia Roque, una periodista española, está entrevistando a la invitada a su show de radio sobre la cultura contemporánea que sale todos los días, a las dos de la tarde, en una emisora ubicada en Salamanca, España. La invitada, Liana Maldonado, es una autora argentina que acaba de publicar un libro que se titula *La memoria perdida: La muerte de la correspondencia escrita en el mundo post-moderno*. La entrevista incluida es sólo un trozo de una conversación más larga.

2.13 Antes de escuchar Comente en grupos pequeños las siguientes preguntas.

1. ¿Escucha usted *talk shows* en la radio? ¿Cuáles? ¿Ve usted *talk shows* en la televisión? ¿Cuáles? ¿Tiene usted un show favorito? ¿Hay alguno que no le guste? ¿Por qué?

2. ¿Qué diferencias en pronunciación hay entre el inglés de Inglaterra y el de los Estados Unidos? ¿Hay diferencias morfológicas? ¿Qué otras diferencias hay entre el inglés de estos dos países? ¿Es difícil la comunicación entre personas de los Estados Unidos e Inglaterra? ¿Por qué sí o por qué no?

3. ¿Escribe usted muchas cartas? ¿A quién le escribe? ¿Guarda usted las cartas que otros le envían? ¿Cuántas tiene? ¿De quiénes son? ¿Dónde están? ¿Escribe usted muchos mensajes electrónicos? ¿Guarda los mensajes que otros le envían? ¿Por cuánto tiempo?

4. ¿Cómo ayuda la tecnología a hacer la vida más fácil? ¿Hay ocasiones en que la tecnología hace la vida más difícil? ¿Ha mejorado el mundo con los desarrollos en la tecnología? ¿Es peor, de alguna manera, por la presencia de tanta tecnología?

5. ¿Con qué frecuencia se comunica usted con su madre? ¿Cómo se comunica con ella? ¿y con su padre? ¿con sus mejores amigos? ¿con sus abuelos? ¿con sus hermanos? ¿Utiliza usted con cada uno de ellos el mismo medio de comunicación? ¿Cuáles son los diferentes medios que utiliza usted?

Track 3

2.14 Después de escuchar Conteste las siguientes preguntas individualmente, basándose en la conversación que acaba de escuchar.

1. ¿Cuál cree Liana Maldonado que es la razón más importante por la que ya no escribimos tantas cartas?
2. ¿Por qué cree Liana Maldonado que es malo que no escribamos cartas?
3. ¿María de la Gracia Roque está de acuerdo o en desacuerdo con las ideas de Liana Maldonado? ¿Por qué?
4. ¿En qué piensa María de la Gracia Roque cuando reflexiona sobre las ideas de Liana Maldonado?
5. ¿Cómo reacciona Liana Maldonado a la anécdota de María de la Gracia Roque?

2.15 Análisis de composición oral Responda a las siguientes preguntas de análisis sobre la materia que acaba de escuchar. Puede trabajar individualmente o en grupo, según le indique su instructor(a).

1. ¿Está usted de acuerdo con las ideas de Liana Maldonado o no? ¿Por qué?
2. ¿Cuáles son algunas diferencias en pronunciación entre cómo hablan Liana Maldonado y María de la Gracia Roque?
3. ¿Hay algunas diferencias morfológicas entre el habla de Liana Maldonado y el de María de la Gracia Roque?
4. ¿Cuáles *fillers* usan las mujeres en su conversación natural?

Diario de reflexiones

Escriba por diez minutos en su diario sobre su reacción al tema de la materia que acaba de escuchar. Usted puede reflexionar sobre la cuestión de la práctica de escribir cartas, la influencia cultural de los *talk shows,* las diferencias en dialectos regionales en español o inglés o cualquier otra cosa que se le ocurra relacionada con el tema de la **Composición oral.** No escriba su diario en un procesador de palabras sino a mano, en su cuaderno. No busque palabras en el diccionario. Si usted no conoce una palabra, intente pensar en otra equivalente o simplemente escriba la palabra en inglés. Tampoco se preocupe mucho por la gramática. Sea tan correcto como pueda, pero no se detenga a consultar reglas gramaticales. Escriba todo lo que usted pueda en diez minutos. Sea generoso con sus ideas y con su lenguaje.

CAPÍTULO TRES

La diversidad cultural en el mundo hispanohablante

© Jack Hollingsworth/Photodisc Green/Getty Images

Uno de los propósitos de este capítulo es presentar información sobre las culturas latinoamericanas para que usted tenga una idea más generalizada sobre las bases de la cultura en preparación para estudiar la cultura y civilización del mundo hispanohablante con más detalle en el futuro. En la composición, el propósito principal es que usted lea sobre varios géneros periodísticos y, más específicamente, sobre el reportaje para crear su propio reportaje sobre un aspecto cultural hispánico.

Criterios de NCATE

El segundo criterio de NCATE es bastante complejo y medular en cuanto a las materias de los **Capítulos 3** y **4.** La primera sección del criterio dos (2a) trata de la cultura del mundo hispanohablante. Según ese criterio, un estudiante debería poder demostrar su comprensión de las múltiples perspectivas de las culturas del mundo hispanohablante y de las prácticas y los productos culturales que estas perspectivas producen. En otras palabras, debe ser capaz de establecer conexiones entre las creencias culturales y prácticas sociales, las formas históricas y las instituciones de la civilización.

Este capítulo gira en torno a la cuestión cultural de la raza en el mundo hispanohablante. Después de estudiar este capítulo, se espera que el estudiante pueda ver maneras en las cuales la perspectiva sobre la raza en el mundo hispanohablante se manifiesta en prácticas sociales (cómo y quién se saluda, dónde escogen vivir las personas, con quién se casa un individuo) y en productos sociales (el sistema educativo, el matrimonio, el gobierno, la música).

Finalmente, al demostrar dominio en esa área, el estudiante deberá revelar conocimiento sobre su propia cultura anglohablante, es decir, estadounidense. Se espera que pueda comparar la perspectiva sobre la raza en los Estados Unidos con la del mundo hispanohablante y encontrar semejanzas y diferencias entre los dos puntos de vista.

En sus futuros estudios de español, usted tiene que estar siempre atento a la importancia de la cultura en todos sus niveles. Poder manipular conjugaciones de verbos tiene muy poco valor sin una buena comprensión de la cultura que está implícita en el lenguaje. De esa manera, el estudio de la lengua y el estudio de la cultura son integralmente conectados.

FRENTE A LA DISCIPLINA

Léxico temático

abarcador(a) *comprehensive*
la cuestión *matter*
el esfuerzo *effort*
la etnia *ethnicity*
expulsar *to expel*
el imperio *empire*

llevarse a cabo *to take place*
las masas *masses (of people)*
negar *to deny*
el oficio *occupation*
la oligarquía *oligarchy*
padecer *to suffer*

3.1 Ejercicio léxico Empareje las palabras en la columna de la izquierda con las definiciones correctas en español en la columna de la derecha.

1. abarcador
2. cuestión
3. oligarquía
4. negar
5. etnia
6. esfuerzo
7. imperio
8. oficio
9. masas
10. llevarse a cabo

a. problema o asunto que se trata de resolver
b. el uso de las fuerzas
c. un conjunto de territorios que tienen un mismo gobierno
d. grupo de personas que representan el pueblo común
e. gobierno de pocos
f. decir que algo no existe o que no es verdad
g. ocurrir
h. profesión mecánica o manual
i. grupo social que tiene las mismas prácticas culturales
j. incluye varios temas o asuntos tratando un tema en su totalidad

3.2 Más práctica léxica Busque en su diccionario palabras o definiciones para sustituir las palabras que se encuentran en cursiva (*italics*).

1. Para ellos la diversidad entre la gente de los más de veinte países en el hemisferio occidental al sur de Estados Unidos es tanta que es inapropiado denominar la región con un nombre *abarcador*.

2. Volviendo a lo latinoamericano, la *etnia* es otra diferencia importante entre los países de la región.

3. Sin embargo, no sólo hay una *cuestión* de negros, indios y blancos.

4. Profesionales como maestros, ingenieros, abogados y miles de hombres y mujeres que ejercen diferentes labores u *oficios* experimentan una realidad latinoamericana que es diferente a la conocida por los millones de pobres, pero también muy distinta a la rica de la *oligarquía* tradicional.

 3.3 Antes de leer Discuta estas preguntas primero en pequeños grupos y, luego, con toda la clase.

1. ¿Cómo definiría usted los términos *Latinoamérica, Iberoamérica* e *Hispanoamérica*? ¿Cuál considera usted más apropiado para denominar a las personas que viven en la región ubicada al sur de los Estados Unidos? ¿Por qué?

2. ¿Sabe usted la diferencia entre raza y etnia? ¿Cuáles son algunas diferencias? ¿Tiene usted ideas sobre cómo se manifiestan tales diferencias en el mundo hispanohablante? ¿y en los Estados Unidos?

3. ¿Qué lenguas se hablan en lo que se denomina Latinoamérica? ¿y en España? ¿y en los Estados Unidos? ¿Es importante que un pueblo hable la misma lengua para estar culturalmente unido?

4. ¿Cuáles son las características de la cultura española tradicional que ha aprendido en otras clases de español? ¿Cómo ayuda esta visión clásica de la cultura española a interpretar la realidad española contemporánea? ¿Cómo puede esa mentalidad tradicional confundir a un estudiante de la cultura española?

5. ¿Cree usted que los países donde se habla español compartan una cultura homogénea? ¿Cuáles son algunos rasgos que comparten esos países? ¿Hay diferencias entre ellos? ¿Cuáles son algunas?

ESTRATEGIAS de lectura

Lectura superficial

Leer superficialmente los títulos, subtítulos y las gráficas de un texto ayuda a hacer predicciones sobre el contenido y a recordar el conocimiento previo que se tiene sobre el asunto. De modo que, antes de empezar a leer un texto, usted debe leerlo superficialmente. ¿Qué entiende usted sólo por los títulos, subtítulos y gráficas? ¿Qué anticipa encontrar en el texto con base en esta lectura superficial? Luego de hacer eso, se encontrará mejor preparado para lo que pueda encontrar.

La diversidad cultural en el mundo hispanohablante

Introducción

En su esfuerzo por aprender la lengua española, todo estudiante debe tener siempre en mente la enorme importancia no sólo de los verbos, de los sustantivos y de la gramática, sino de las civilizaciones y culturas que existen en cada país de habla española. Sin una comprensión de parte del estudiante de español de estas culturas y civilizaciones, tiene muy poco valor saber conjugar los verbos o memorizar el vocabulario. La comunicación efectiva en español depende también del contexto cultural en el cual ésta se lleva a cabo. Por esa razón, siempre hay que prestarle atención particular a la importancia del contexto cultural en la comunicación.

Latinoamérica

En el caso de la civilización latinoamericana uno necesita considerar sobre todo la gran diversidad de la región. Inclusive, hay personas que dudan de que haya una región singular que se llame *Latinoamérica*. Para ellos la diversidad entre la gente de los más de veinte países en el hemisferio occidental al sur de Estados Unidos es tanta que es inapropiado denominar la región con un nombre abarcador.° Tal vez esa opinión sea un poco extrema, pero en todo caso no se puede negar las muchas e importantes diferencias entre la gente de esa parte del mundo.

    Para empezar, hay que hablar del lenguaje mismo. No todas las personas en Latinoamérica hablan español. Por ejemplo, en el país más grande de América del Sur, Brasil, se habla portugués. En la región andina, que incluye Bolivia, Perú y Ecuador principalmente, hay millones de personas que hablan quechua, la lengua oficial del imperio incaico, y aymará. El país de Paraguay tiene dos lenguas oficiales: el español y el guaraní. En México todavía se habla más de cien lenguas indígenas incluyendo la lengua del imperio azteca —el náhuatl— y el idioma de la gran civilización maya. En diferentes islas caribeñas se habla francés, holandés e inglés, además de español, que se habla en Puerto Rico, Cuba y la República Dominicana.

    La etnia es otra diferencia importante entre los países de la región. Las culturas latinoamericanas tienen como raíces tres familias étnicas principales: la africana, la americana y la europea. Sin embargo, la cuestión no se reduce a clasificar a su gente en negros, indios y blancos. Estas grandes civilizaciones se han mezclado de diferentes maneras a través de la región. En algunos países de habla hispana en Latinoamérica —tales como Cuba, la República Dominicana, Panamá y las costas caribeñas de México, Colombia y Venezuela— la cultura africana es particularmente fuerte. En otras áreas, por ejemplo, en Bolivia, Perú, Ecuador y Guate-

overarching/comprehensive

mala, es la influencia indígena la que más dicta la cultura. En otros países, como Argentina, Uruguay y Costa Rica, es la tradición europea la que más marca la sociedad. En todos los países de Latinoamérica, pero específicamente en México, Chile, Paraguay, Venezuela, Colombia, El Salvador, Honduras y Nicaragua, la cultura se determina por una mezcla heterogénea de estas tres grandes familias étnicas. El resultado es diferente en cada país.

Otro factor crítico en las civilizaciones latinoamericanas es lo socioeconómico. En Latinoamérica hay mucha pobreza y necesidad. Como consecuencia, se la ha catalogado como parte del mundo en desarrollo, como una región tercermundista. Sin embargo, no todos son pobres. La experiencia cultural de una minoría rica y muy poderosa es sumamente diferente a la de las masas pobres. Durante décadas recientes la clase media ha seguido creciendo a través de la región. Algunos profesionales como maestros, ingenieros, abogados y hombres y mujeres de negocios experimentan una realidad latinoamericana que es diferente a la conocida por millones de gente pobre, una realidad que también es muy distinta a la rica de la rica oligarquía tradicional. Una diferencia importante de esa realidad es la experiencia urbana en oposición a la vida rural. El cambio de una sociedad agrícola a una tecnológica también se ha dejado sentir en Latinoamérica. Por esa razón, durante los pasados cuarenta años, millones de campesinos de todos los países de la región han migrado a las grandes ciudades en busca de mayores oportunidades y de una vida mejor. La emigración interna, a su vez, contribuye a la desigualdad dentro de la ciudad, donde millones de pobres, muchos recién llegados del campo, viven en situaciones socioeconómicas muy precarias, en barrios alrededor de las afueras de la ciudad, mientras que las clases media y alta disfrutan de vidas mucho más estables y llenas de optimismo financiero en la misma ciudad.

Aunque la desigualdad socioeconómica afecta a todos los países de la región, algunos países padecen esta desigualdad más que otros. Las economías nacionales de Argentina, Chile y Costa Rica, por ejemplo, al principio del siglo XXI prometen grandes desarrollos en el futuro. En países como Nicaragua, Bolivia, Guatemala o Ecuador, sin embargo, la situación socioeconómica es mucho más difícil.

España

Tanto la civilización hispana en Estados Unidos como la latinoamericana nacen de la historia y de la cultura de España. En el ápice de su poder colonial en el siglo XVIII, España ejercía control no sólo sobre sus colonias en América desde la Patagonia en el sur hasta California en el norte, sino también en el continente de África. En toda esta área España dejó

la huella profunda de su civilización en el gobierno, la religión, el arte, el comercio, la vida familiar y en otros múltiples aspectos. Todos los residentes de esas colonias eran, técnicamente, ciudadanos de España. En algunos pueblos apartados, y en comunidades étnicamente indígenas, la identidad española no penetró tanto como en las grandes ciudades, tales como Lima, México o Bogotá, donde la población vivía en contacto más directo con todo lo que cultural, social y económicamente España importaba.

La realidad misma de la colonización de tan gran extensión territorial resulta del espíritu político-religioso que dominaba en España tras la culminación de la Reconquista de la Península Ibérica. En 1492, el mismo año que Cristóbal Colón salió en su primer viaje en busca de una ruta marítima a la India y la China viajando hacia el oeste, los Reyes Católicos de España, Fernando e Isabel, echaron a los moros de su último castillo en Granada. Los moros, musulmanes del norte de África, a partir del 711, habían conquistado casi todo el territorio de lo que hoy en día es España. Los cristianos de los reinos de la península habían tardado más de siete siglos en reconquistar ese territorio para la gloria del Dios cristiano y de la Santa Iglesia Católica. Durante ese mismo año cuando lograron conquistar a los moros, los reyes expulsaron del territorio nacional a los miembros de la significativa comunidad judía que no se convirtieron a la fe católica. Al ganarles la última batalla a los moros y al expulsar a los judíos, los cristianos, recientemente unidos bajo Fernando e Isabel, aplicaron el mismo fervor militar y religioso a la conquista de los indígenas de América que habían utilizado en sus siglos de guerra contra sus enemigos moros.

Vale la pena notar que los trescientos años que España gobernó sobre sus colonias en América es el doble del tiempo que Inglaterra estuvo en control de sus colonias en la costa este de lo que hoy en día es Estados Unidos. De modo que la influencia cultural e histórica de España sobre sus colonias debería reconocerse como más profunda que la influencia de Inglaterra sobre las suyas.

Ahora bien, España contemporánea es muy distinta a la del gran imperio mundial de los siglos XVI a XIX. Las muchas naciones hispanohablantes de América han desarrollado sus propias culturas aparte de la madre patria, y España, también, ha cambiado y madurado como nación. Como es el caso también con sus viejas colonias, tal vez una de las características más importantes de la España moderna es su gran diversidad, la cual, curiosamente, en la antigüedad, trató de eliminar a través de la Inquisición. Políticamente, España se divide en diecisiete diferentes comunidades autónomas. Esas comunidades están divididas en regiones históricas que siempre han reconocido su propia cultura regional. En esas comunidades autónomas, además de castellano, se habla catalán en Cataluña, gallego en Galicia, y euskera en el País Vasco, sólo para mencionar algunas cuantas lenguas diferentes. Además, más del 50% de la población de España no habla castellano como primera lengua. El clima soleado y caluroso de Andalucía en el sur se distingue mucho de los cerros siempre verdes en la lluviosa, ventosa y fría Galicia en el noroeste del país. Las grandes ciudades como Barcelona y Madrid representan todo lo mejor de una Europa moderna, rica y sofisticada. Sin embargo, en las montañas Pirineas del norte y los campos aislados de Castilla–La Mancha, en el corazón del país, no es nada difícil imaginar como era la vida hace trescientos años.

Ese mismo contraste entre la España vieja y moderna también se ve en otras partes de la vida española contemporánea. Aunque más del 90% de la población todavía se identifica como católica romana, las iglesias están más vacías que nunca. El índice de natalidad° no sólo es el más bajo en toda Europa sino que en todo el mundo, debido en parte al alto empleo de métodos de control de natalidad. Si una mujer decide tener niños, es más tarde en la vida que nunca antes. Y aunque la incidencia de madres solteras no es tan común como en los Estados Unidos, la decisión de empezar una familia ya no significa que una mujer esté casada. En 2005 España se convirtió en el cuarto país del mundo en legalizar el matrimonio civil entre personas del mismo sexo.

birth rate

Al mismo tiempo, en medio del ambiente cultural de una Europa liberal y posmoderna, en España, algunas de las viejas tradiciones están más arraigadas que nunca. Los españoles todavía valoran la familia más que cualquier otra cosa en la vida. El crecimiento económico todavía no ha eliminado la práctica de la tertulia, cuando los amigos se reúnen sólo para hablar y tomar los ricos vinos que produce España. Aun a la gente más moderna y liberal le gusta escaparse durante las horas de la siesta, por la tarde, para merendar tapas° con los amigos o comer en casa con la familia.

Así es la nueva España, una nación llena de contrastes e identidades diversas. Sin embargo, la complejidad de esa civilización vieja y nueva a la vez no la hace menos española. Al contrario, en su divergencia es que España encuentra la fuerza para enfrentarse con su futuro.

to have snacks

3.4 Después de leer Conteste las siguientes preguntas individualmente, basándose en la lectura que acaba de hacer.

1. Además del español, ¿qué otras lenguas importantes se hablan en Latinoamérica? ¿Había escuchado usted hablar antes de esas lenguas? ¿Qué más sabe de ellas, además de lo que leyó en el ensayo?

2. ¿Cuáles son las tres grandes familias étnicas que tuvieron más impacto en la formación de la civilización latinoamericana? ¿De qué manera se compara esa diversidad étnica con la diversidad étnica de los Estados Unidos? Explique.

3. ¿Cómo afecta la posición socioeconómica de una persona su manera de entender y expresar su cultura? ¿Puede pensar en ejemplos de cómo la cultura puede ser diferente para personas de diferentes grupos socioeconómicos?

4. ¿Qué conexión hay entre la Reconquista de la Península Ibérica por los españoles y la formación de las colonias españolas en Hispanoamérica y África?

5. ¿Cuáles son algunas de las divergencias más llamativas en la España contemporánea? ¿Puede usted pensar en otras maneras en que España es diversa que no se mencionan en la lectura?

6. ¿Cómo sugiere la lectura que existe una tensión en España entre la vida tradicional y el mundo moderno? ¿Cuáles son algunas de esas tensiones?

Diario de reflexiones

Escriba en su diario por diez minutos sobre su reacción al tema de la diversidad cultural en el mundo hispanohablante. Usted puede escribir sobre experiencias personales que usted ha tenido con la diversidad del mundo hispano o sobre los estereotipos tradicionales de las culturas del mundo hispanohablante, puede hacer comparaciones entre la diversidad de la cultura anglohablante de los Estados Unidos y la del mundo hispano o puede escribir sobre cualquier otra cosa que se le ocurra relacionada con el tema de esta lectura. No escriba su diario en un procesador de palabras sino a mano, en su cuaderno. No busque palabras en el diccionario. Si no conoce una palabra, intente pensar en otra equivalente o simplemente escriba la palabra en inglés. Tampoco se preocupe mucho por la gramática. Sea tan correcto como pueda, pero no se detenga a consultar reglas gramaticales. Escriba todo lo que pueda en diez minutos. Sea generoso con sus ideas y con su lenguaje.

COMPOSICIÓN: EL REPORTAJE PERIODÍSTICO

Introducción

Es probable que alguna vez usted haya oído la expresión que se refiere a la prensa como el cuarto poder del estado. Esto significa que, después del poder judicial, el legislativo y el ejecutivo, frecuentemente la prensa opera como actor y cómplice en las intrigas y las oscilaciones del poder en ejercicio; crea y recrea la cultura y moldea las opiniones, las actitudes y los gustos del público. Otros se han referido a la prensa como un contrapoder, es decir, como la voz de los sin voz y como un agente que cuestiona lo que el poder cree poseer como sola y única verdad. Como poder o como contrapoder, la prensa materializa el derecho a la información que se encuentra en la mayoría o en casi todas las constituciones.

Hoy por hoy, gracias a la red, que integra texto e información audiovisual, con enlaces que contextualizan la información casi hasta al infinito, y que provee información en tiempo real, la prensa impresa no apela ni impacta tanto a ciertos sectores de la sociedad. Sin embargo, a pesar de la alarma, se sabe que la red no desplazará a la prensa impresa así como la televisión no desplazó a la radio.

La prensa impresa —en particular el periódico— junto con la radio, sigue siendo uno de los medios más accesibles para que la gente se informe. Requiere que sepamos leer, pero la podemos comprar en cualquier lugar a un precio módico, sin la necesidad de dominar la tecnología y sin la necesidad de una fuente de energía. Además, se nos presenta como un todo y no como una página a la vez. Leer el periódico con el propósito de tener acceso al género periodístico que principalmente llena sus páginas, la noticia, no pasa de moda.

Por definición, una noticia es el relato de un suceso reciente que estimula el interés del público. La noticia es el género periodístico por excelencia en el periódico por su tendencia a la brevedad. Cuando su extensión es mayor y su único propósito sigue siendo informar, este tipo de noticias suele denominarse reportaje objetivo. Cuando se combina la función de informar con la opinión y la interpretación de los acontecimientos, se le llama reportaje interpretativo o artículo de opinión. Éste es el tipo de reportaje que abunda más en el ciberespacio porque no cuenta con límites rigurosos en cuanto a su extensión. Asimismo, ofrece más datos y tiene mayor libertad expresiva, pues le permite al reportero utilizar recursos literarios e incluir anécdotas, descripciones y antecedentes, entre otras cosas.

El reportaje periodístico es un género híbrido, pues tiene un poco de noticia cuando uno de sus propósitos es revelar información. Tiene características de la entrevista cuando incluye opiniones o citas o comentarios de testigos, protagonistas o autoridades en la materia. La crónica es un relato noticioso que le da importancia al cómo, más que al qué o al quién, e intenta trasladar al lector al lugar donde ocurren los hechos. También aparece con determinada periodicidad y muchas veces incluye la firma del corresponsal del lugar o del enviado especial. El reportaje tiene algo de crónica cuando relata, trata de entretener, de aportar la visión del reportero y cuando contextualiza un hecho, hurgando en la fachada de los acontecimientos.

Independientemente del medio en que se presente, tanto el reportaje interpretativo como el objetivo o de noticias consta de ciertos elementos. El primero es el título o titular y sus propósitos principales son captar la atención del público y resumir los detalles de la información. Esta parte debe ser impactante porque se convierte en la puerta que invita al público a ver, leer u oír el resto de la información. A veces esta parte también incluye subtítulos que amplían el contenido del título. Cuando el reportaje es radial o televisado, el título y los subtítulos generalmente se convierten en el párrafo de entrada, que en inglés se denomina el *lead*. En estos medios, el párrafo de entrada, al igual que el título y los subtítulos en la prensa impresa, tiene la función de captar la atención del público, resumir y explicar la información más relevante. Consta de una o varias oraciones. Si la información se redacta para un medio escrito, después del título y de los subtítulos, hay que incluir el nombre de la ciudad y del estado o país y la fecha del día que se publica la información. En un reportaje radial o televisivo, esta información se incluye al final, junto con el nombre del reportero, y el nombre de la estación o cadena radial o televisiva para la cual trabaja el reportero.

Específicamente, el párrafo de entrada debe contestar todas o varias de las siguientes preguntas, según el orden de importancia que se les quiera dar. Estas preguntas son: ¿quién? ¿qué? ¿dónde? ¿cuándo? ¿por qué? y ¿cómo? (en inglés, *the 5 Ws + H*). En la mayoría de los casos, es aconsejable seguir un orden descendente, es decir, seguir el modelo de la pirámide invertida; ir de lo más importante a lo menos importante. Si el reportaje es escrito, esas preguntas suelen contestarse todas en una o dos oraciones, en el párrafo de entrada. Luego de ese párrafo, se amplían los detalles ofrecidos, incluyendo el trasfondo de la acción, en lo que constituye el cuerpo del reportaje. Después de esto, la última parte del texto periodístico es la recapitulación. En esta parte se resumen los aspectos más relevantes del texto noticioso. A veces, en esta parte, se incluye un hecho sorprendente, no revelado anteriormente para dejar al lector con la satisfacción de haber leído algo interesante y de actualidad.

3.5 Ejercicio de comprensión Luego de leer la información sobre el reportaje periodístico, conteste las siguientes preguntas.

1. ¿Qué significa llamar a la prensa el cuarto poder o un contrapoder? ¿Puede pensar usted en algunos casos en los que la prensa se ha convertido en el cuarto poder o en un contrapoder? ¿Podría dar detalles sobre cada caso?

2. ¿Cómo se distinguen la prensa que se encuentra en la red y la prensa impresa? ¿Cree usted que con el tiempo la prensa escrita tradicional desaparecerá? ¿Por qué sí o por qué no?

3. ¿Cuál es la diferencia entre el reportaje objetivo y el reportaje interpretativo? ¿Dónde suele encontrar usted más frecuentemente los diferentes estilos?

4. ¿En qué sentido es el reportaje de noticias un género híbrido? Mencione usted algunas de las variaciones en el género.

5. ¿Cuáles son las tres partes de que constan todos los reportajes periodísticos si son de índole objetiva o interpretativa?

6. ¿Cómo se define el párrafo de entrada? ¿Qué características tiene un buen párrafo de entrada? ¿Qué preguntas necesita contestar?

● PASO 1: Trabajo escrito

Luego de haber leído sobre algunos de los géneros periodísticos básicos, le corresponde escribir un reportaje objetivo o de noticias, el cual es un tipo de narración generalmente donde la exactitud, la veracidad y la actualidad son características esenciales. Usted se convertirá en un escritor y reportero de noticias para la radio o la televisión y hará un reportaje periodístico relacionado con un aspecto cultural hispánico. Lo grabará en un casete de sonido o vídeo, un disco compacto o un archivo digital (un Podcast, por ejemplo), según se lo pida su instructor(a). Debe seleccionar verbos y un tono que transmitan dinamismo y que capten la atención del público cuando se presente en vivo directamente desde el lugar donde ocurren los hechos. En este tipo de reportaje, el tiempo es un factor determinante. Hay que limitar el reportaje a cierta cantidad de tiempo y, por eso, hay que medir el tiempo de lectura o de exposición oral. Además, la claridad y la sencillez deben ser características importantes de la información presentada. Para lograr la sencillez, las oraciones deben ser breves y seguir una estructura lineal, es decir, el sujeto debe presentarse primero, luego el verbo y, por último, los complementos del verbo. Las oraciones deben estar en la voz activa y en tiempo presente, y deben evitar a toda costa cláusulas explicativas.

El tema para este reportaje puede venir de una de las siguientes fuentes:

a. La celebración de un día festivo en España o en algún país hispanoamericano

b. La descripción de un lugar turístico y de las actividades que se celebran allí, relacionadas con la historia presente de España o de algún país de Hispanoamérica

c. Una noticia política, económica o social de los pasados días o semanas que pueda afectar a la comunidad hispanohablante internacional, incluyendo a los hispanohablantes que viven en los Estados Unidos

d. Una noticia de su universidad o de su comunidad local que pueda ser de interés a la comunidad hispanohablante de su región

El público de su reportaje será su instructor(a) y sus compañeros de clase. Su instructor(a) proveerá más detalles sobre los requisitos del reportaje.

3.6 Antes de escribir Conteste las siguientes preguntas.

1. ¿Qué es lo que usted va a narrar?

2. ¿Cuál es el orden de importancia que les dará a los sucesos sobre los cuales informará?

3. ¿Cuál es el tono que quiere transmitir?

4. ¿Cuál es la impresión que quiere dejar en el lector?

5. ¿Cuál sería un título que resuma de manera concisa el contenido del reportaje y capte la atención del público?

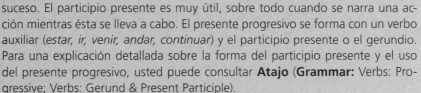

CONSULTORIO gramatical

Presente progresivo

Cuando se escribe un reportaje, es común querer expresar lo que está ocurriendo en el momento preciso que el reportero está viviendo el suceso. El participio presente es muy útil, sobre todo cuando se narra una acción mientras ésta se lleva a cabo. El presente progresivo se forma con un verbo auxiliar (*estar, ir, venir, andar, continuar*) y el participio presente o el gerundio. Para una explicación detallada sobre la forma del participio presente y el uso del presente progresivo, usted puede consultar **Atajo** (**Grammar:** Verbs: Progressive; Verbs: Gerund & Present Participle).

Para practicar el presente progresivo del indicativo, véase el **www.thomsonedu.com/ spanish/hacianivelesavanzados**

PASO 2: Bosquejo

Como usted ya sabe, un reportaje es una forma de narración usualmente en el presente que consta de tres partes principales: el título, junto o sólo con un párrafo de entrada; el cuerpo, o ampliación de la información de la introducción; y las recapitulaciones. Antes de escribir su narración, es conveniente que haga una lista de las acciones o acontecimientos que quiere incluir y que los ponga según el orden de importancia que usted cree que tengan. En este trabajo la pregunta ¿qué? es muy importante: le recomendamos que usted comience ofreciendo su contestación a esa pregunta. Sin embargo, en última instancia, el orden de importancia lo tiene que decidir usted para que tenga la oportunidad de imprimirle su propio sello no sólo a la selección del orden de importancia sino también a la manera de informar. Dado que hoy en día se tiene acceso continuo a la información, el toque personal del escritor, del periodista, es lo que, al fin y al cabo, invitaría al público a continuar leyendo, viendo u oyendo la información noticiosa.

I. Párrafo de entrada

    a. ¿Contesta las preguntas según el orden de importancia que le quiere imprimir a la información?

    b. ¿Decidió si es mejor incluir toda esa información en una o más oraciones?

II. Cuerpo

    a. ¿Es el cuerpo del reportaje una ampliación de todo lo incluido en el párrafo de entrada?

III. Recapitulaciones

    a. ¿Ha resumido los aspectos más importantes sobre la información?

    b. ¿Ha incluido algún elemento sorpresivo?

● PASO 3: Primer borrador

Ahora usted está listo para escribir el primer borrador. El primer borrador debe ser su mejor intento de poner en palabras las ideas que tiene hasta ahora.

Debe escribir el reportaje en un procesador de palabras. Tenga cuidado de poner todos los diacríticos usando el procesador de palabras. Preste atención a la organización que ha desarrollado en el bosquejo y también al vocabulario y la gramática.

En la fecha indicada por su instructor(a), entregue el ensayo escrito lo mejor que pueda. Intercambie su ensayo con un(a) compañero(a) de clase. En la clase o en casa lea el ensayo de su compañero(a). Corríjalo empleando la lista de cotejo que se encuentra a continuación.

I. Contenido

☐ Para el texto escrito usted necesita un título, ¿llama el suyo la atención y resume el contenido?

☐ ¿Es interesante y completo el párrafo de entrada?

☐ ¿Es creativo?

☐ ¿Se han incluido todos los elementos necesarios para crear una descripción viva y dinámica?

☐ ¿Incluyó usted opiniones de personas o descripciones hechas por protagonistas o testigos?

☐ ¿Qué ideas específicas del trabajo se deben aclarar más, eliminar o ampliar?

☐ ¿Hay pocos o demasiados detalles?

☐ ¿Hay muchas repeticiones?

☐ ¿Ha utilizado usted expresiones de transición para permitir que las ideas fluyan más naturalmente?

☐ ¿Ha utilizado usted recursos literarios con el propósito de imprimirle su sello al reportaje?

II. Organización general

☐ ¿Está bien organizada la composición?

☐ ¿Son coherentes los párrafos?

☐ ¿Qué cambios se deben hacer para mejorar la organización?

III. Vocabulario y gramática

☐ ¿Qué palabras del vocabulario cambiaría usted para que el trabajo sea más interesante o variado?

☐ ¿Qué aspectos gramaticales necesitan ser más trabajados?

IV. Detalles u otros comentarios o crítica constructiva

También necesita usar los códigos de corrección en el **Apéndice 2** para corregir todos los errores lingüísticos que pueda encontrar en el texto. En la fecha indicada por su instructor(a), traiga a la clase el ensayo de su compañero(a) completamente editado y con su nombre y apellido junto con la palabra *Corrector(a)* en la parte de arriba de la primera página del ensayo.

ESTRATEGIAS de escritura

Escribir directamente en español

Al momento de escribir, algunos estudiantes prefieren escribir primero en su lengua materna y luego traducir lo escrito. Para poder hacer una buena traducción, tienden a simplificar sus ideas. Lo más común es que los estudiantes no hagan una buena traducción. La traducción requiere mucha destreza y es difícil hacerla bien aun para un profesional. Para un estudiante de español es aun más difícil. Aprender a escribir bien en español ya es lo suficientemente trabajoso, ¿para qué hay que complicarse la vida añadiendo el paso de la traducción? El escribir el texto directamente en español muchas veces logra que las ideas sean expresadas naturalmente y que el vocabulario sea más variado. Por lo tanto, siempre se recomienda que se escriba directamente en español sin acudir a la lengua materna.

3.7 Corrección de errores El siguiente texto sobre una celebración en México no ha sido editado. Corrija el ensayo utilizando los códigos de corrección en el **Apéndice 2.**

Los niños héroes de Chapultepec

En Ciudad de México, específicamente frente al Castillo que queda en el Bosque de Chapultepec se levantan un monumento en su honor. Consta de seis columnas, cada una de las cuales representa uno de los niños héroes. Estos niños murieron el 13 de septiembre de 1847. En vez de huir o de irse a proteger a otro lugar, se quedaron a defender el colegio militar donde estudiaban.

      Tenían entre 14 y 20 años en 1847, cuando México y los Estados Unidos se enfrentaban bélicamente. Estados Unidos había invadido México por dos razones principales: primero, por violaciones territoriales en la zona de Tejas y, segundo, por problemas con el pago de la deuda nacional. Muchos militares habían sido desplazados y Estados Unidos cada vez ganaba más territorio. Ya estaba en el distrito federal, cerca del colegio y castillo militar. Las niños tenían la alternativa de escapar, pero se envolvieron en la bandera mexicana y se enfrentaron a los soldados estadounidenses, en el último bastión de resistencia, el castillo. Después de esta triunfo, México se rindió. Como resultado, más tarde se firmó el Tratado Guadalupe-Hidalgo, mediante el cual México está cediendo casi la mitad de su territorio nacional y, a cambio, Estados Unidos le está pagando 15 millón de dólares.

Cada año, el 13 de septiembre, tres días antes de cuando se iniciara el proceso que culminaría en la independencia mexicano, se celebro su ofrenda a la Patria. En la capital hay desfile de la armada, se celebra una ceremonia con cañones. El Presidente pasa lista de los nombres de los cadetes que se sacrificaron y, junto a su ministros, deposita una ofrenda floral en el monumento en su honor. En otras partes del País, también hay desfiles, fuegos artificiales, música, baile y comida. Esta celebración no comenzó hasta entrado el siglo XX cuando por gestiones de la asociación de ex-alumnos del colegio militar y por alusiones literarios hechas, por ejemplo, por el poeta Amado Nervo, se le prestó atención. Se dice que el olvido responde a una conspiración histórica que lo caracterizaba como mito. A pesar de la polémica, el 13 de septiembre los mexicanos se

Courtesy of Carmen Jiménez

enorgullecen y celebran el valor y el patriotismo de estos niños que, por su edad, estaban exentos de la acción militar. También aprovechan la ocasión para recordar a todos los mexicanos que perdieron la vida en la Guerra México-Americana.

● **PASO 4: Conversaciones sobre el tema**

Un paso importante en la creación de composiciones escritas es la formulación de sus propias ideas. Ahora que usted tiene escrito un primer borrador de su composición, seguimos explorando y desarrollando el tema para ver si no hay un aspecto del tema que usted no ha incluido en su composición o que le interesaría comentar. Discuta usted en parejas o grupos pequeños las siguientes cuestiones, pensando siempre en qué vínculo puede haber entre estas cuestiones y su reportaje.

1. ¿Cómo se enteró usted del evento cultural, el día festivo, el lugar turístico o la noticia sobre la cual usted va a reportar? ¿Ha experimentado usted este fenómeno cultural o esta noticia personalmente? ¿Entiende usted todo lo que significa? ¿Tiene usted preguntas o dudas sobre qué significa el evento, el día, el lugar o la noticia?

2. ¿Qué encuentra usted más interesante sobre este evento, lugar cultural o noticia? ¿Hay un tipo de personalidad o de persona que encontraría esta experiencia o noticia particularmente interesante? ¿Hay personas a quienes tal vez no les gustaría este aspecto de la cultura o la información contenida en esta noticia? ¿Quiénes? ¿Por qué?

3. ¿Hay un lugar o un evento, o una noticia en su cultura nacional, regional o local, que se puede comparar con la experiencia sobre la cual usted reporta? ¿Qué similitudes ve usted entre estos eventos o lugares culturales? Si usted escribe sobre una noticia local, ¿cree usted que otras universidades o comunidades experimentan los mismos tipos de noticias?

4. ¿El evento, el lugar o la noticia sobre el cual usted reporta sugiere algo importante sobre la cultura de este país, de la región entera o de hispanohablantes en general? ¿Conocer este lugar o este evento puede ayudar a que un extranjero conozca mejor esta cultura en su totalidad? ¿Cómo? ¿Por qué? Si es una noticia local, ¿qué interés puede tener esta noticia para la comunidad latina?

5. ¿Hay un aspecto del evento, el lugar o la noticia que es particularmente difícil de describir? ¿Por qué? ¿Cómo va a superar usted esta dificultad?

ESTRATEGIAS orales

Repetir y pedir clarificaciones

En una conversación, es importante escuchar bien. Cuando usted habla español con otra persona es posible que no entienda todo lo que le digan. ¿Cómo puede contribuir usted a la conversación si no entiende? Una estrategia útil es repetir lo que dice la otra persona y luego decir que usted está de acuerdo o no con una expresión simple como: "Sí, estoy de acuerdo", "Sí, tiene usted razón" o "Sí, entiendo, pero no estoy seguro". Si usted no entiende una parte de lo que dice una persona, puede repetir sólo esa parte con una expresión que pida clarificación como: "No entiendo", "¿Qué es?" o "No conozco esa palabra". Cuando usted repite lo que dice la otra persona, le demuestra que está escuchando y entendiendo. También, cuando usted repite lo que dice la otra persona, tiene más tiempo para pensar en sus propias palabras e ideas.

ESTRATEGIAS de escritura

El escritor al nivel intermedio

Usted ya leyó sobre ACTFL (*American Council on the Teaching of Foreign Languages*) como compañero de NCATE en la formación de los criterios de NCATE. Otra contribución importante que hace ACTFL a su preparación como estudiante de español son los niveles de competencia que ha establecido. ACTFL define cuatro niveles generales de competencia lingüística: novicio, intermedio, avanzado y superior. Estas competencias se miden teniendo presente las cuatro destrezas lingüísticas: la oral, la escritura, la comprensión auditiva y la comprensión lectora.

El trabajo que usted ha hecho en cuanto a las lecturas y a lo oral durante los primeros tres capítulos se describe a nivel intermedio, según los parámetros de ACTFL. Ese nivel se distingue por la habilidad del estudiante de describir principalmente en el presente. A ese nivel en la escritura y el lenguaje oral usted debe controlar bien los verbos regulares e irregulares en el presente del indicativo; debe tener un vocabulario suficientemente amplio para crear sus propias oraciones para describir su propia realidad inmediata tal como la familia, la escuela, los amigos, la casa, etc. Finalmente, usted debe escribir no en oraciones sueltas, sino en párrafos completos.

Si usted es un estudiante que sigue una segunda área en español y necesita tomar cinco o seis clases de español como máximo, es muy probable que no pase de ese nivel en la escritura y en lo oral durante sus estudios universitarios. Si usted es un estudiante que se especializa en español y va a tomar entre diez y trece cursos de español, se espera que sobrepase el nivel intermedio y llegue hasta el avanzado al final de sus estudios.

● PASO 5: Segundo borrador

Ahora ha recibido su primer borrador con las ediciones, correcciones y sugerencias de su compañero(a)-corrector(a). Saque una fotocopia del **Apéndice 1: Reacciones del autor.** Usted necesita completar la hoja e incorporar en el segundo borrador todas las ediciones, correcciones y sugerencias del editor que usted encuentre apropiadas. Su instructor(a) le indicará si usted le entregará el segundo borrador para que lo evalúe, o si será editado por un(a) segundo(a) compañero(a). Si las conversaciones de **Paso 4: Conversaciones sobre el tema** le han hecho pensar en algo novedoso para su composición, ahora también tiene usted una oportunidad de incluir esas nuevas ideas.

● PASO 6: Trabajo final

Después de recibir las ediciones, correcciones y sugerencias sobre el segundo borrador de un(a) segundo(a) corrector(a) o de su instructor(a), usted tiene otra oportunidad más para pulir y perfeccionar su trabajo. Ahora tiene dos borradores y muchas ediciones, correcciones y sugerencias para considerar. Utilizando toda esta información, escriba usted el ensayo una vez más. Ése será su trabajo final. Entrégueselo a su instructor(a) en la fecha indicada.

CONSULTORIO gramatical

Objetos directos e indirectos

El saber usar correctamente los pronombres personales de objetos directos e indirectos es muy útil. Sin embargo, también les causa bastante confusión a los estudiantes de español. Si usted necesita revisar qué son los objetos directos e indirectos y cómo se utilizan correctamente, puede consultar **Atajo** (**Grammar:** Personal Pronouns: Direct; Indirect; Indirect *le, les;* Indirect *se;* Indirect/Direct.

Para practicar el uso de objetos directos e indirectos, véase el **www.thomsonedu.com/spanish/hacianivelesavanzados**

FRENTE A LA COMPOSICIÓN ESCRITA

Sobre el autor

La *Semana* es la revista más leída en Colombia. Cada semana 882 miles de personas buscan en *Semana* noticias de toda índole, desde la cultura popular hasta los negocios, el mundo deportivo y la política colombiana e internacional. Como otras publicaciones periodísticas de primera categoría a través del mundo, *Semana* tiene también una versión electrónica, *Semana digital,* que se puede leer en el Internet. El siguiente reportaje proviene de *Semana digital.* Como ocurre frecuentemente en las versiones electrónicas de revistas populares, el artículo no ha sido firmado por su redactor. Sin embargo, representa el estilo y la calidad de esta publicación semanal colombiana. El artículo apareció en la sección titulada "cultura" y subtitulada "patrimonio" el 8 de abril de 2005.

Léxico temático

armar *to build; to put together*

la campaña *campaign*

la columna vertebral *backbone*

demostrar *to show*

desarrollar *to develop*

diseñar *to design*

elaborar *to make; to manufacture*

garantizar *to guarantee*

lanzar *to launch*

el olvido *oblivion; forgetfulness*

preservar *to preserve*

proponer *to propose*

la propuesta *proposal*

la receta *recipe*

la sabiduría *wisdom*

el tambor *drum*

el tesoro *treasure*

3.8 Ejercicio léxico Rellene los espacios en blanco con la palabra más apropiada de la lista de vocabulario.

Todas las sociedades necesitan _____ (1) las tradiciones que son únicas a su cultura. Si un pueblo no _____ (2) programas o _____ (3) para proteger la cultura, existe el peligro de perder _____ (4) culturales al abismo del _____ (5). Los jóvenes pueden participar en la preservación de la cultura al _____ (6) nuevas ideas para proteger elementos de la cultura. Las mejores ideas serán las que _____ (7) al pueblo el valor de artefactos culturales. Nadie puede _____ (8) que no se perderá nunca ninguna práctica o conocimiento cultural. Pero con mucho esfuerzo, es posible mantener la cultura como la _____ (9) de la sociedad.

3.9 Más práctica léxica Escriba frases originales utilizando las nuevas palabras de vocabulario que aparecen a continuación.

1. diseñar

2. armar

3. la sabiduría

4. desarrollar

5. la propuesta

6. la receta

ESTRATEGIAS de lectura

Los afijos: Prefijos y sufijos

Los afijos son elementos que se colocan al principio o al final de una palabra con el propósito de formar un derivado con función o significado primario. Un prefijo se coloca al principio de una palabra y el sufijo al final. El reconocer prefijos y sufijos le ayuda a entender el significado de palabras aun desde la primera vez que usted las ve. Muchos de esos prefijos y sufijos son semejantes en inglés y en español. Algunos prefijos son:

Prefijo	Significado	Ejemplo
in-	no; dentro	intolerante
re-	otra vez	releer
sub-	debajo	subtítulo
poli-	muchos	polideportivo

Algunos sufijos son:

Sufijo	Significado	Ejemplo
-dad	función de sustantivo	ciudad
-oso(a)	función de adjetivo	lluvioso
-polis	ciudad	metrópolis

Trate usted de encontrar afijos y palabras derivadas en la lectura.

3.10 Antes de leer Conteste las siguientes preguntas en grupos pequeños.

1. ¿Sabe usted lo que significa la palabra *patrimonio?* ¿Qué es lo que se considera patrimonio de un país? Posiblemente usted haya oído de monumentos o lugares que han sido declarados patrimonio universal. ¿Podría mencionar algunos?

2. Además de lugares, espacios y construcciones físicas, ¿qué prácticas piensa usted que son particularmente estadounidenses? ¿música, bailes, comida, *hobbies* y pasatiempos, celebraciones regionales? En este país, ¿hay prácticas culturales tradicionales que se encuentren en peligro de ser olvidadas?

3. En la ciudad o el pueblo de dónde es usted, ¿qué tradiciones o prácticas culturales son más importantes? ¿Hay comidas, bailes o actividades o prácticas culturales de su pueblo que no se ven en otras partes de los Estados Unidos? ¿Cuáles son?

4. ¿Qué sabe usted de la violencia dentro de Colombia? ¿No cree usted que se le da demasiada importancia a ese aspecto de la cultura colombiana? ¿Por qué? ¿Qué otros aspectos podrían destacarse?

5. Si usted viajara a Colombia como turista, ¿qué le gustaría ver y hacer? ¿Cuáles serían algunas experiencias típicamente colombianas? Si un colombiano viniera de visita como turista a los Estados Unidos, ¿qué debería ver y hacer? ¿Cuáles serían algunas actividades típicamente estadounidenses?

Un canto a la diversidad

La campaña "Patrimonio inmaterial colombiano–Demuestra quién eres" busca preservar de la extinción y el olvido las tradiciones, que son la base de la nacionalidad.

La receta del alfandoque,[1] el sistema judicial de los nasa,[2] cómo se toca un tambor alegre, los refranes de Boyacá,[3] la guabina santandereana,[4] la medicina cofán,[5] la leyenda de María Mandinga, el Carnaval de Barranquilla... , a primera vista parece un ejercicio de escritura automática. Sin embargo, todo lo anterior tiene un denominador común. Estas expresiones y saberes° forman parte del patrimonio inmaterial de Colombia, que a diferencia de los parques naturales, las iglesias coloniales, los tesoros precolombinos o las obras de arte, que tienen un aspecto físico determinado, tienen la particularidad de ser intangibles.

Un conocimiento amenazado desde todos los flancos: la unifor-

knowledge

---

[1] a sugarcane paste; [2] an indigenous nation; [3] a Colombian province; [4] a musical rhythm of African origin; [5] a region in Colombia

midad cultural que irradian los medios masivos de comunicación, la violencia y el desplazamiento,° la crisis del campo que les hace pensar a los jóvenes que la sabiduría de sus abuelos no sirve y buscan una nueva identidad en la cultura urbana. A esto se suma el desamparo° al que en los últimos tiempos se han visto sometidos grupos vulnerables como las comunidades indígenas y afrocolombianas, casi todas ellas víctimas del fuego cruzado y del avance del paramilitarismo, y que cada vez cuentan con menos instrumentos de protección del estado.

Por ese motivo, la campaña "Patrimonio inmaterial colombiano–Demuestra quién eres", que acaba de lanzar el Ministerio de Cultura con el apoyo de la Unesco y el Convenio Andrés Bello, vuelve a poner sobre el tapete° un tema que, al igual que el del medio ambiente, parece relegado al olvido ante las urgencias y necesidades de la guerra.

La campaña consta de cartillas,° afiches° y piezas para prensa escrita, radio y televisión, y su finalidad es hacer pensar a los colombianos acerca del patrimonio inmaterial, decirles a los ciudadanos que su cultura local es importante, reconocida y respetada como tal en todo el país, y llegarles a los gestores° de las políticas culturales a nivel local, departamental y nacional para que diseñen políticas que garanticen la defensa del patrimonio.

De acuerdo con la definición de la Unesco, "Se entiende por patrimonio cultural inmaterial las prácticas, representaciones y expresiones, los conocimientos y las técnicas que dan a las comunidades, los grupos e individuos un sentimiento de identidad y continuidad". En esta categoría entran, según la cartilla elaborada para divulgar la campaña, las lenguas y expresiones orales; conocimientos y prácticas sobre la naturaleza y el universo; saberes culinarios; medicina tradicional; elaboración de objetos, instrumentos, vestuarios,° construcciones y ornamentación cultural; expresiones musicales y sonoras; bailes; expresiones rituales, escénicas, ceremoniales; actos festivos; juegos y deportes; y formas tradicionales de organización social, jurídica y política.

Un camino difícil

Hasta hace poco tiempo la defensa del patrimonio inmaterial era casi imposible. Se sabía que era necesario preservar las tradiciones, pero no existían herramientas jurídicas ni conceptuales para hacerlo. Todo comenzó al terminar la Segunda Guerra Mundial cuando Japón y Corea reconocieron a los expertos en diversos oficios y saberes como "tesoros humanos vivientes" y alrededor de cada uno de ellos armaron centros de enseñanza con talleres, escuelas y museos.

La Unesco comenzó a trabajar el tema a finales de la década de

---

displacement

to this is added the helplessness

returns to the front page

pamphlets posters

decision makers

costumes

los años sesenta y el primer paso se denominó "Obras Maestras del Patrimonio Oral Intangible". Luego se adelantaron discusiones con expertos, entre ellas la reunión de Turín de 1999, y se llegó a una definición que ha servido de herramienta para darle un asidero° al tema.

handhold

"Patrimonio inmaterial colombiano–Demuestra quién eres" nació de una iniciativa de César Moreno Triana, un colombiano que trabaja en la Oficina de Patrimonio Intangible de la Unesco. Hace cuatro años Moreno vino a Colombia para proponer la iniciativa y en el Instituto Colombiano de Antropología e Historia (Icanh), que depende del Ministerio de Cultura, acogieron su idea y comenzó a desarrollarse la campaña.

El Fondo Japonés de Unesco aportó 150,000 dólares, y un equipo de expertos del Icanh, comandado por los antropólogos María Victoria Uribe (directora del instituto) y Mauricio Pardo, comenzó a elaborar la propuesta. Para ello se reunieron con los expertos en patrimonio de otras instancias del Ministerio de Cultura (las oficinas de Patrimonio y Etnocultura y Fomento Regional) y también con los comités de cultura de los municipios y los departamentos.

Además de proponer unas piezas publicitarias, también realizaron textos destinados a motivar a los gestores culturales locales y a las comunidades. "Se trata de proveer a la gente de herramientas para que puedan pelear por sus derechos", señala María Victoria Uribe. A lo

que agrega Pardo: "Y también de darles a las comunidades un sentido de protagonismo cultural. Que puedan decir: 'Yo no tengo que ir a Bogotá o a una universidad para encontrar la cultura. Mi cultura es lo que está aquí' ".

Se trata de darles visibilidad a las culturas locales, que no forman parte del universo de la llamada alta cultura ni tampoco de la cultura de masas y del entretenimiento. "Tenemos que hacer un esfuerzo para convertir esas expresiones en objetos legítimos y reconocidos de política pública y de interés colectivo". Todo lo anterior se basa en una columna vertebral que comienza en el conocimiento, pasa por la valoración, el diseño de políticas públicas y la institucionalidad, para "determinar quiénes son los dolientes de la preservación del patrimonio inmaterial".

Uribe y Pardo también hacen énfasis en el peligro de una exaltación desbordada° de lo local, que puede terminar en fundamentalismos y odios étnicos, como ya ha sucedido en África o en los Balcanes.

an excessive exuberance

De todas maneras, ellos consideran que los componentes del patrimonio inmaterial forman parte del tejido° de la nacionalidad. "Al valorar lo pequeño valoremos el conjunto. Lo universal está hecho por la diversidad, no por la uniformidad. Mi manera de tocar la tambora en el bajo, Magdalena me hermana° con las danzas de los cunas. Tenemos derechos, tenemos protagonismo, tenemos valores y los podemos gestionar° y defender".

fabric

connects me

manage

3.11 Después de leer   Conteste las siguientes preguntas individualmente, basándose en la lectura que acaba de hacer.

1. Según la lectura, ¿qué significa patrimonio inmaterial? ¿Cuáles son algunos ejemplos que provee el texto?

2. ¿Qué es "Patrimonio inmaterial colombiano–Demuestra quién eres"? ¿Cuál es su propósito? ¿De quién fue la idea?

3. ¿Por qué es necesaria una campaña como ésa? ¿A través de cuáles medios se está divulgando la información?

4. Según María Victoria Uribe y Mauricio Pardo, ¿qué peligros puede desencadenar una campaña como ésa?

5. ¿Desde cuándo se empezó a defender el patrimonio inmaterial? ¿Cómo?

6. ¿Cuáles son los grupos sociales más amenazados culturalmente? ¿Por qué?

3.12 Análisis de composición escrita   Responda a las siguientes preguntas de análisis sobre la lectura que acaba de hacer. Puede trabajar individualmente o en grupo, según le indique su instructor(a).

1. ¿Cuál es el significado del título y el subtítulo?

2. ¿Es éste un reportaje objetivo o uno interpretativo? ¿Por qué?

3. ¿Cuáles son algunos recursos que se utilizaron?

4. ¿Cumple este reportaje con la regla del primer párrafo como el párrafo de entrada?

5. ¿A cuál de las seis preguntas (¿quién? ¿qué? ¿dónde? ¿cuándo? ¿por qué? y ¿cómo?) le da más importancia?

6. ¿Qué le parece el final del reportaje?

Diario de reflexiones

Escriba en su diario por diez minutos sobre su reacción al tema de la diversidad cultural de Colombia. Puede escribir sobre los estereotipos que usted tiene sobre el país de Colombia, sobre las ideas que tiene sobre el valor o el peligro de la diversidad cultural dentro de un país, sobre posibles paralelos entre la diversidad cultural en Colombia y la diversidad cultural en el mundo anglohablante de los Estados Unidos o sobre cualquier otra cosa que se le ocurra relacionada con el tema de esta lectura. No escriba su diario en un procesador de palabras sino a mano, en su cuaderno. No busque palabras en el diccionario. Si no conoce una palabra, intente pensar en otra equivalente o simplemente escriba la palabra en inglés. Tampoco se preocupe mucho por la gramática. Sea tan correcto como pueda, pero no se detenga a consultar reglas gramaticales. Escriba todo lo que usted pueda en diez minutos. Sea libre y generoso con sus ideas y con su lenguaje.

FRENTE A LA COMPOSICIÓN ORAL

Preparar el escenario

Ernesto McCausland Sojo (nacido en 1961 en Barranquilla, Colombia) se inició en el mundo del periodismo como reportero de noticias judiciales en el diario *El heraldo* de Barranquilla. Luego comenzó a incursionar en el género de la crónica, desarrollándose como uno de los mejores cronistas colombianos en los géneros de prensa, radio y televisión. Ha ganado catorce premios nacionales de periodismo.

Algunos de sus mejores trabajos en el género de la crónica periodística están incluidos en el libro *Las crónicas de McCausland* (1996). Algunos de sus trabajos también han sido incluidos en *Antología de grandes reportajes colombianos* y *Antología de grandes crónicas colombianas,* de Daniel Samper Pizano. Ha realizado además tres largometrajes y múltiples documentales en el campo del cine. Es cronista y corresponsal viajero de Caracol Radio desde 2000. Su primera novela es *Febrero sacó las uñas.*

3.13 Antes de escuchar Comente en grupos pequeños las siguientes preguntas.

1. ¿Ha oído usted alguna vez algo sobre la leyenda blanca en Latinoamérica? Si supiera que la leyenda blanca tiene que ver con el racismo, ¿sobre qué cree que sería esa leyenda?

2. ¿Qué sabe usted sobre el tema del racismo en Latinoamérica? ¿En qué países o regiones de Latinoamérica cree que es más predominante? ¿Por qué? ¿Cuáles grupos étnicos sufren más el racismo en Latinoamérica?

3. ¿Cree usted que el racismo existe en Europa en general? ¿y en España en particular? ¿Cuáles grupos se imagina que pueden sufrir del racismo en Europa? ¿y en España?

4. ¿Ha visto usted racismo en su ciudad o pueblo? ¿Existe racismo en su universidad? ¿En qué se diferencia el racismo de hoy en día del de hace cincuenta años? ¿Ha sufrido personalmente alguna forma de discriminación? ¿Puede establecer paralelos entre el prejuicio racial en Latinoamérica y en los Estados Unidos?

5. ¿Cree que muchas personas de herencia hispana son víctimas del racismo en los Estados Unidos? ¿Por qué cree que sí o que no? ¿Cómo se puede distinguir el racismo contra los hispanohablantes del racismo contra otros grupos étnicos en los Estados Unidos?

Track 4

3.14 Después de escuchar Conteste usted las siguientes preguntas individualmente, basándose en la materia que acaba de escuchar.

1. En este texto oral se escuchan _____ voces diferentes.

2. A dos hermanas no las dejaron entrar en _____.

3. La acción con que se empieza la narración sucede en _____, Colombia.

4. Manuel Zapata Olivella era _____.

5. El Museo de Arte Negro _____.

6. Según el texto oral, el _____% de la población colombiana es negra.

7. Ruth Córdoba habla sobre el caso de una amiga que se casó con un hombre de _____.

3.15 Análisis de composición oral Responda a las siguientes preguntas de análisis sobre la materia que acaba de escuchar. Puede trabajar individualmente o en grupo, según le indique su instructor(a).

1. ¿Cuál es el mensaje de este texto oral?

2. ¿Qué técnicas se utilizan para comunicar el mensaje? ¿Cuál es el propósito de incluir canciones?

3. ¿Cuáles características de una crónica se reflejan en este texto oral?

4. ¿Qué revela esta crónica sobre la cultura popular en Colombia? ¿Entiende usted mejor la cultura colombiana después de escuchar el texto oral? ¿Cómo? ¿De qué manera(s)?

Diario de reflexiones

Escriba en su diario por diez minutos sobre su reacción al tema del racismo. Puede escribir sobre el racismo en el mundo hispanohablante o el racismo en la cultura anglohablante de los Estados Unidos, puede establecer una comparación entre el racismo en diferentes culturas o puede escribir sobre cualquier otra cosa que se le ocurra relacionada con el tema de este texto oral. No escriba su diario en un procesador de palabras sino a mano, en su cuaderno. No busque palabras en el diccionario. Si no conoce una palabra, intente pensar en otra equivalente o simplemente escriba la palabra en inglés. Tampoco se preocupe mucho por la gramática. Sea tan correcto como pueda, pero no se detenga a consultar reglas gramaticales. Escriba todo lo que pueda en diez minutos. Sea libre y generoso con sus ideas y con su lenguaje.

CAPÍTULO CUATRO

La literatura en el mundo hispanohablante

En este capítulo se le presentará información, tal vez por primera vez, sobre la rica tradición literaria del mundo hispanohablante. Al completar este capítulo, usted entenderá mejor por qué todos los estudiantes de español deben conocer los textos canónicos de esta tradición. Luego, después de leer sobre las estrategias para escribir una narración, usted tendrá la oportunidad de crear su propio texto literario en español.

Criterios de NCATE

Además de un conocimiento sobre la cultura, el segundo criterio de NCATE aspira a que el estudiante pueda entender obras literarias escritas en español. De modo que la segunda sección del criterio dos (2b) describe la importancia de comprender textos y tradiciones culturales y literarias. El estudiante deberá poder usar su conocimiento sobre los textos literarios más importantes escritos en español para poder interpretar la realidad cultural e histórica de ese mundo y para reflexionar sobre cómo los grandes artistas han interpretado esa realidad.

Para cumplir con ese requisito un estudiante necesitará un conocimiento básico sobre quiénes son los autores más importantes de la tradición literaria hispánica, cuáles son los textos más representativos y cómo el arte literario refleja y crea la realidad cultural hispana. Por supuesto, este criterio también incluye la capacidad del estudiante de interpretar el significado de un texto literario y analizar su trascendencia en el contexto de la historia literaria y la cultura hispánica en general.

Por eso, al final de este capítulo sería bueno que el estudiante considerara las siguientes preguntas con respecto a la lectura literaria que se incluye: ¿Pude entender el texto literario? ¿Pude ver cómo ese texto literario representa una realidad cultural más amplia? ¿Pude utilizar este texto como instrumento para analizar un aspecto de la cultura del mundo hispanohablante?

El segundo criterio de NCATE, como ya vimos en el **Capítulo 3** y ahora veremos en el **Capítulo 4,** explora el concepto de ideas interdisciplinarias. En sí, este criterio reconoce que para poder comunicarse efectivamente en español hay que hablar o escribir sobre algo. Ese *algo* puede ser la literatura, la cultura u otras disciplinas académicas. En todo caso, no es suficiente poder hablar español. Hay que poder usar el español para estudiar otras áreas de la realidad del mundo hispanohablante.

FRENTE A LA DISCIPLINA

Léxico temático

los antepasados *ancestors*
el ápice *pinnacle*
los ciudadanos *citizens*
dar luz a *to give a start to; to initiate*
descontar *to discount*
desempeñar un papel *to play a role*
la epopeya *epic*

florecer *to flower*
la huella *footprint*
el imperio *empire*
el mito *myth*
pretender *to claim to*
sin lugar a dudas *without a doubt*

4.1 Ejercicio léxico Escriba una definición original en español para cada una de las siguientes palabras.

1. desempeñar un papel
2. el ápice
3. el mito
4. descontar
5. los antepasados
6. la epopeya
7. los ciudadanos
8. pretender

4.2 Más práctica léxica Incluya cada una de las palabras de abajo en una oración completa original.

1. el imperio
2. sin lugar a dudas
3. la huella
4. dar luz a
5. florecer

4.3 Antes de leer Discuta estas preguntas primero en pequeños grupos y, luego, con toda la clase.

1. ¿Cuáles son algunos de los mitos más importantes en la formación de la identidad nacional de los Estados Unidos? ¿Cómo aprende cada nueva generación esos mitos?

2. En su educación hasta este punto, ¿qué autores y libros ha leído usted en sus clases de inglés? ¿Qué ha aprendido sobre el mundo anglohablante al conocer esos textos?

3. ¿Hay historias o cuentos que son parte central de su identidad familiar? ¿cuentos que siempre se repiten en las reuniones familiares? ¿Cuáles son? ¿Qué pudiera aprender alguien que no sea miembro de su familia al escuchar esas historias?

4. ¿Qué tipo de literatura leen los jóvenes de hoy? ¿Qué tipo de literatura no les gusta a los jóvenes? ¿Por qué a algunas personas no les gusta la literatura? ¿A usted le gusta la literatura? ¿Por qué sí o por qué no?

5. ¿Cuáles son algunas formas de literatura popular que hoy en día normalmente no se enseñan en las clases de inglés en la escuela secundaria ni en la universidad? ¿Usted considera las películas o los programas de televisión literatura popular? ¿Cuáles? ¿Por qué?

ESTRATEGIAS de lectura

Hacer predicciones

Cuando usted se enfrente con el texto, antes de empezar a leer, trate de hacer predicciones sobre el contenido. Antes de leer, formule preguntas e hipótesis sobre, por ejemplo, cómo comenzará y cómo será el final. Mientras lee, trate de comprobar si sus predicciones fueron correctas o no. Muchos estudiantes de español dirán sobre un texto que han leído, "No entendí nada". Si usted puede predecir lo que contendrá la lectura basada en el título o cualquier foto o imagen que acompañe el texto, o una introducción al texto o al autor, y si luego puede comprobar sólo algunas de estas predicciones, no podrá decir usted que no ha entendido nada. Si usted sabe que un texto trata de las experiencias de una joven en una ciudad, sabe que no es un cuento sobre un hombre viejo que vive en una montaña. Con esta información usted ya sabrá mucho y podrá continuar con el difícil trabajo de interpretar y descifrar el texto.

La literatura en el mundo hispanohablante

La importancia de la literatura

Todas las grandes civilizaciones del mundo han cantado sus propias historias. Desde los chinos, egipcios, griegos, romanos, aztecas, hasta los ingleses, todos celebraron sus poetas entre los más distinguidos de sus ciudadanos. ¿Por qué han tenido tanta importancia los poetas en las grandes civilizaciones de la humanidad? Porque la formación de una identidad cultural depende de la creación de ciertos mitos culturales que el poeta se encarga de recopilar y difundir. Ya sea el mito de la fundación de Roma, en el caso del imperio romano, o el mito del águila y la serpiente de los aztecas o el mito del *cowboy* del Wild West de los Estados Unidos, los poetas, personas con un dominio superior del lenguaje, han sido los escogidos para formar y mantener la identidad de la civilización. Sin embargo, el estudio de la literatura no es sólo un trabajo de aquellos a quienes "les gusta la literatura". Conocer los grandes textos y los grandes poetas de una civilización es equivalente a conocer la civilización.

El imperio español no fue diferente a estos otros imperios ya mencionados. Las bellas letras han desempeñado un papel íntegro en la formación de las identidades de la España moderna y sus colonias tanto en América como en África. Por eso, ningún estudiante que pretenda dedicarse al estudio de la lengua española y las culturas de los países hispanohablantes del mundo puede ignorar el estudio de las grandes obras literarias que este mundo le ha dejado a la historia.

La literatura española

La historia de la literatura escrita en español se originó antes de la creación del país moderno de España. Las jarchas son cancioncillas breves, escritas durante los siglos XI y XII en un precoz castellano popular. Constituyen las primeras muestras de poesía lírica de toda Europa. El primer poema épico escrito en español que se conserva más íntegramente hasta la actualidad° es el *Cantar del mío Cid*. No se sabe si la epopeya es obra de un autor individual del siglo XIII o si es la culminación del proceso colectivo de pasar leyendas e historias de generación en generación, que pondría la fecha de su composición en el siglo XII. Otro texto

present day

© The Thomson Corporation/Heinle Image Resource Bank

importante que nos llega desde la península ibérica durante el medievo es el poema *Libro de buen amor*. Fue escrito en el siglo XIV por un clérigo de nombre Juan Ruiz, Arcipreste de Hita, y es una colección de poemas amorosos que, últimamente, distinguen entre el "buen amor", que es el amor divino, y el "loco amor", que es el amor entre los seres humanos.

Sin lugar a dudas, el texto literario fundacional de la historia literaria hispanófila moderna es *El ingenioso hidalgo Don Quijote de la Mancha* (1605, 1615) de Miguel Cervantes de Saavedra. La novela, publicada en dos partes durante el ápice del poder imperial español de los siglos XV–XVIII, se reconoce generalmente como la primera novela moderna escrita en cualquier lengua. En sus páginas, por primera vez en la historia, un poeta crea un personaje ficticio con una psicología moderna plenamente desarrollada. La huella que ha dejado *Don Quijote* en toda la cultura del mundo hispanohablante es tan profunda que uno no puede ni empezar a penetrar en este mundo desde afuera sin conocer las delicias de las aventuras del caballero andante.°

wandering knight

Aproximadamente durante la misma época histórica en la cual se escribió *Don Quijote,* se desarrolló una rica tradición de teatro español como parte de lo que se conoce como el siglo de oro. Se le denomina siglo de oro al período de aproximadamente siglo y medio entre el siglo XVI y el XVII, durante el cual hubo un florecimiento cultural y literario en España. Durante este periodo, el teatro fue el género más importante. Este teatro presentaba temas de actualidad y del diario vivir° que iban más allá de lo puramente religioso. Era además innovador, pues se apartó de las normas clásicas. Como ningún estudiante en el mundo anglohablante puede ser culto sin conocer los dramas de Shakespeare, así tampoco puede considerarse uno culto en el mundo hispanohablante si no conoce las obras teatrales de Lope de Vega, Tirso de Molina y Calderón de la Barca.

themes about present-day and daily living

El movimiento literario llamado romanticismo que surgió en el siglo XIX produjo tales voces como Lord Byron, William Wordsworth y John Keats en Inglaterra; se manifestó en España en la obra de autores como José de Espronceda, José Zorrilla y, el más famoso de los románticos españoles, Gustavo Adolfo Bécquer. Estos escritores le daban importancia a lo personal y a lo subjetivo.

Al final del siglo XIX, España perdió lo que le quedaba como parte del imperio español a consecuencia de la guerra con Estados Unidos en 1898. España perdió Cuba, Puerto Rico, las Filipinas y Guam. Ese acontecimiento le dio nombre al grupo de escritores de la llamada generación del 98, el cual estaba integrado, entre otros, por Miguel de Unamuno, Antonio Machado, Pío Baroja, Azorín y Ramón del Valle Inclán. Ellos se dedicaron a reflexionar sobre la pérdida del imperio, los avances en la tecnología y las tensiones que causaban esos cambios en la vida tradicional. En otras palabras, estos autores españoles compartieron una preocupación general por la llegada de la modernidad.

La literatura española del siglo XX se ha definido por voces poéticas que también tratan sobre temas de actualidad. La brutal guerra civil española (1936–39) se plasmaría en las páginas de los poemas y los dramas del inmortal Federico García Lorca, asesinado° por las fuerzas nacionales de Francisco Franco durante esa guerra. Después de la muerte de Franco en 1979, surgieron muchas voces antes silenciadas por la ideología política que abrieron paso a la literatura escrita por mujeres y en lenguas regionales. Entre estas generaciones más recientes se destacan las voces de escritores tales como Carmen Martín Gaite, Juan Goytisolo, Mercè Rodoreda y Ana María Matute.

murdered

La literatura hispanoamericana

Antes de la Conquista, en la región que iba a llegar a ser la América hispana, había poetas indígenas. Esos poetas practicaban la literatura oral, "escribían" códices y mantenían vivas las leyendas, mitos y tradiciones de sus civilizaciones. Mucha de esa literatura indígena se ha perdido al pasar los siglos aunque algunos de sus textos nos han llegado a través de traducciones o de transcripciones hechas utilizando el alfabeto latino. La literatura escrita en español surge a partir de la conquista. Los relatos de la conquista por parte de los conquistadores como Hernán Cortés, Alonso de Ercilla y Álvar Nuñez Cabeza de Vaca y por parte de indígenas y mestizos, como Guamán Poma y El Inca Garcilaso de la Vega ya recogen los mitos sobre los cuales las identidades de las naciones modernas de Latinoamérica iban a fundarse.

Después de la independencia de las colonias del imperio español en el siglo XIX, autores tales como Domingo Faustino Sarmiento en Argentina, Rubén Darío en Nicaragua y José Martí en Cuba contribuyeron a la invención de las identidades nacionales de los nuevos países independientes. A Darío se le reconoce como el padre del movimiento modernista de Hispanoamérica. Este modernismo es distinto del modernismo del mundo anglo que dio luz a voces literarias como James Joyce. Es un importante momento histórico y artístico a través del cual los autores hispanoamericanos dejan de imitar a sus maestros europeos y encuentran su propia voz, estableciendo una independencia artística que ha inspirado a artistas y escritores hispanoamericanos hasta hoy día.

La importancia de los autores literarios en la formación de las identidades nacionales continuó en las primeras décadas del siglo XX con textos fundacionales como *La raza cósmica* (1925) del mexicano José Vasconcelos, *Huasipungo* (1939) del ecuatoriano Jorge Icaza y *Doña*

Bárbara (1941) del venezolano Rómulo Gallegos. En estas creaciones artísticas —y en muchas más— los diferentes países latinoamericanos continuaron el trabajo de forjar° su propia identidad nacional, al tiempo que examinaban e interpretaban una vez más la influencia tanto del imperio español como de las ricas civilizaciones indígenas en la formación de su identidad.

Los primeros cien años de independencia de los países hispanoamericanos también establecen una conexión importante entre el poder de los artistas literarios y el poder político. Muchos autores representan sus países como diplomáticos, otros sirven en ministerios de cultura o de educación; dos de ellos, Gallegos en Venezuela y Sarmiento en Argentina, convierten su popularidad como autores en poder electoral que los constituye en presidentes de sus respectivas repúblicas. La relación íntima entre el poder político y la voz literaria continuó hasta el final del siglo XX.

La excelencia literaria de autores latinoamericanos resultó en cinco premios Nóbeles en la literatura durante el siglo XX: Gabriela Mistral, Chile (1945), Miguel Ángel Asturias (1967), Pablo Neruda, Chile (1971), Gabriel García Márquez, Colombia (1982) y Octavio Paz, México (1990).

La larga tradición de las letras hispanoamericanas llegó a florecer como nunca antes en la mitad del siglo XX con la generación conocida como "el boom". Por unos veinte años, desde el principio de la década de los sesenta hasta finales de los setenta, autores como García Márquez en Colombia, Carlos Fuentes en México, José Donoso en Chile y Mario Vargas Llosa en Perú se apoderaron del escenario artístico internacional como ninguna otra generación de escritores. Hispanoamérica ocupó el escenario mundial con una gran producción literaria, en la que se destacaba la narración.

Como en el caso de España, las últimas décadas del siglo XX en Latinoamérica vieron la llegada de la atención internacional a numerosas voces literarias femeninas. Entre ellas se destacan Isabel Allende en Chile y la mexicana Laura Esquivel. También se abrió paso al fin del siglo para temas antes no explorados, como es el caso de la experiencia de la cultura gay en Latinoamérica en los textos de Manuel Puig en Argentina o en las novelas del peruano Jaime Bayly.

Conclusión

Estas voces poéticas de España y de Hispanoamérica y muchas más, pasadas y presentes, han hecho el trabajo arduo de recrear y difundir la cultura. Conocer sus textos es conocer las civilizaciones que dieron luz a estos textos. No puede haber mejor manera de acercarse a esos mundos sino a través de las creaciones artísticas de sus intérpretes más sensibles.

to forge

4.4 Después de leer Conteste las siguientes preguntas individualmente, basándose en le lectura que acaba de hacer.

1. ¿Qué función han tenido los poetas en las civilizaciones más grandes del mundo?

2. ¿Qué importancia tiene *Don Quijote* en la historia literaria del mundo hispano y la literatura mundial?

3. ¿Con qué momento histórico se asocia Federico García Lorca?

4. ¿Cuáles voces se destacan más en la literatura española después de la Guerra Civil?

5. ¿Quiénes fueron los primeros escritores literarios de Latinoamérica?

6. ¿A quién se le conoce como el padre del movimiento modernista latinoamericano?

7. ¿Cuáles escritores latinoamericanos han ganado el premio Nóbel de literatura?

8. ¿Qué es "el boom" en la literatura latinoamericana?

Diario de reflexiones

Escriba en su diario por diez minutos sobre su reacción a la lectura acerca de la importancia de la literatura. Puede escribir sobre un buen libro que usted acaba de leer o una buena película basada en un texto literario que acaba de ver, sobre sus experiencias leyendo literatura en inglés, sobre su primera experiencia leyendo literatura en español o sobre cualquier otra cosa que se le ocurra relacionada con el tema de esta lectura. No escriba su diario en un procesador de palabras sino a mano, en su cuaderno. No busque palabras en el diccionario. Si no conoce una palabra, intente pensar en otra equivalente o simplemente escriba la palabra en inglés. Tampoco se preocupe mucho por la gramática. Sea tan correcto como pueda, pero no se detenga a consultar reglas gramaticales. Escriba todo lo que pueda en diez minutos. Sea generoso con sus ideas y con su lenguaje.

COMPOSICIÓN: LA NARRACIÓN

Introducción

En los primeros tres capítulos hemos explorado diferentes muestras de textos escritos usando la descripción que les da prioridad a los tiempos verbales en el presente. Este enfoque es apropiado para usted en este momento porque la producción de lenguaje en el presente con amplia sofisticación para poder describir y representar una realidad inmediata y actual es una de las destrezas lingüísticas más importantes que un estudiante de nivel intermedio debe poseer. Sin embargo, escribir y hablar sólo en el presente restringe mucho su capacidad para comunicarse. Por eso, hay que poder narrar usando el pretérito y el imperfecto, entre otros tiempos verbales que se utilizan para referirse a acciones o eventos pasados.

En la redacción de un reportaje de noticias en el **Capítulo 3,** tal vez usted empezó a explorar el modo de escribir que se conoce como la narración. En una narración usted relata algo que sucedió. Puede ser un acontecimiento de interés general al público, como en un reportaje periodístico. Pero también puede ser algo mucho más personal e íntimo, como contarle a un amigo lo que le pasó a usted en la fiesta del viernes pasado o contarle a su familia anfitriona durante sus estudios en el extranjero cómo se inspiró para comenzar a estudiar español.

No se requiere que la narración sea verídica. Usted puede inventar un cuento para contarle a un niño por qué el cielo es azul o puede escribir una novela breve basada en sus experiencias en la universidad. Una de las formas más antiguas y sencillas de la narración es el chiste: "Un pingüino, un caballo y un perro entraron en una taberna. El perro le dijo al tabernero..."

No obstante la forma de la narración, tal vez el aspecto más importante para usted sea la manipulación de los diversos tiempos en el pasado. Es probable que la distinción entre el pretérito y el imperfecto sea la destreza que más dificultad le haya causado en sus pasados esfuerzos por narrar. El estudio del modo de escritura de la narración le proporciona una excelente oportunidad para repasar una vez más esa distinción importante. Sin embargo, hay otros tiempos verbales que también son de importancia. Los tiempos perfectos (presente, pluscuamperfecto, futuro y condicional) también pueden ser de mucha utilidad en la narración en el pasado. No hay que olvidarse tampoco del futuro del pasado, el condicional. También usted tendrá la oportunidad de repasar de nuevo estos aspectos gramaticales en su estudio de la narración.

Para narrar efectivamente, hay que concentrarse en algo más que la gramática. También hay que tener en cuenta la estructura. Toda narración se puede dividir en tres elementos básicos: la introducción, la complicación y el desenlace. En la introducción usted necesita establecer el contexto para su narración. Dependiendo de la extensión de la narración, la introducción puede contener relativamente más o menos detalles. En fin, la introducción es una descripción que permite que el lector (o la audiencia) vea dónde, cómo y cuándo los sucesos de la narración ocurren, van a ocurrir o ya ocurrieron.

Después de la introducción viene la complicación. Frecuentemente, esta sección de la narración es la más larga, la que tiene más detalles. Ahí el lector descubre más sobre los personajes y sus problemas. Una buena narración provoca que el lector sienta una gran curiosidad por saber cómo se va a resolver la complicación (o las complicaciones) que se presentan en esa sección de la narración. Esa curiosidad lo motiva a seguir leyendo.

Por fin, usted tiene el desenlace. La tensión causada por las complicaciones se alivia cuando el lector descubre cómo se resuelve el problema presentado. A veces el desenlace es feliz; otras, trágico. A veces el desenlace es cerrado, es decir, provee una sola resolución. Otras veces el final es abierto, lo cual quiere decir que se presta a múltiples interpretaciones.

Ahora bien, la estructura lineal de un cuento puede variar. Una variación clásica que viene del teatro griego y que puede aplicarse a la narración es la de comenzar *in medias res*. Así, la acción comienza en medio de la complicación y el lector no sabe quiénes son los personajes ni dónde acontece la acción ni cómo llegó la situación hasta ese punto. Entonces el resto de la narración es un proceso de volver a diferentes partes de lo que sería la introducción para rellenar esos vacíos.

Una variación es comúnmente practicada en muchas novelas detectivescas y en programas de esta índole en la televisión. En esa estructura, la narración comienza estableciendo inmediatamente la complicación. Esta estructura funciona mejor cuando el lector ya conoce a los personajes (James Bond, Agatha Christie, *Law and Order*). Al igual que sucede con la estructura de *in medias res*, en este tipo de narración se necesita resolver el problema establecido para al final dejar satisfecho al lector.

Además de la estructura, cuando usted escribe una narración se necesita decidir el punto de vista desde el cuál se va a narrar. Si quiere narrar un acontecimiento que le ocurrió a usted, probablemente usará la primera persona del singular (*yo*). Tal vez si inventa un cuento también querrá presentar la narración desde ese punto de vista. Si relata una historia que le ocurrió a otra persona, es probable que quiera usar la tercera persona del singular. En ese caso, hay que decidir si usted va a tener un narrador dentro de la narración (narrador-personaje) o si esa tercera persona será un testigo o un narrador omnisciente. La ventaja de tener una voz omnisciente en tercera persona es que usted puede penetrar en los pensamientos y los sentimientos de todos los personajes.

Ya tomadas las decisiones sobre el punto de vista y la estructura de la narración, usted puede poner de nuevo la atención en la gramática necesaria para llevar a cabo su narración.

4.5 Ejercicio de comprensión Luego de leer la información sobre la narración, conteste las siguientes preguntas.

1. ¿Qué es lo que se hace en una narración? ¿En qué se diferencia de una descripción?
2. ¿Cuáles aspectos gramaticales son más importantes en una narración?
3. ¿Cómo describe usted la estructura de una narración?
4. ¿Cuáles son dos variaciones sobre esta estructura?
5. ¿Qué es el punto de vista y cómo afecta la manera en que usted relata su narración?

PASO 1: Trabajo escrito

En este capítulo nos enfocamos en la expresión creativa en el mundo hispanohablante a través de la literatura. Por consiguiente, ahora tendrá usted la oportunidad de crear su propia expresión literaria. Esta expresión puede tomar una de dos formas:

1. Un cuento breve original
2. Una versión actualizada de un cuento de hadas, una leyenda o un cuento clásico

Asegúrese de prestar atención particular al modo de escribir de este capítulo: la narración. Los lectores de su ensayo serán su instructor(a) y sus compañeros de clase. Su instructor(a) proveerá más detalles sobre los requisitos del ensayo.

4.6 Antes de escribir Conteste las siguientes preguntas.

1. ¿Decidió usted escribir un cuento original o una versión actualizada de un cuento clásico? ¿Por qué tomó esta decisión? ¿Qué ideas preliminares tiene sobre su cuento o su nueva versión de un clásico?

2. ¿Ha escrito antes un cuento, un poema o una canción? ¿Por qué sí o por qué no? ¿Por qué cree usted que los seres humanos se dedican a crear nuevas obras literarias?

3. ¿Qué género y subgéneros de literatura le gusta a usted leer? ¿la narrativa? ¿la poesía? ¿los textos sobre romances? ¿aventura? ¿detectivesco? ¿suspenso? ¿los dramas sicológicos? ¿Por qué? ¿Qué géneros literarios no le gustan para nada?

4. ¿Tiene un héroe o una heroína favorita de la literatura? ¿James Bond? ¿Nancy Drew? ¿Sherlock Holmes? ¿Don Quijote? ¿Scarlett O'Hara? ¿Captain Ahab? ¿otro? ¿Qué le gusta de esta figura literaria?

5. Los programas de televisión son los cuentos ficticios más consumidos en Estados Unidos al principio del siglo XXI. ¿Tiene usted algún programa de televisión favorito? Describa el estilo de la narración. Describa los personajes. ¿Qué género es? ¿Pensó usted escribir su propio cuento en el estilo de este cuento favorito?

CONSULTORIO gramatical

Pretérito e imperfecto

En la narración, el aspecto gramatical más importante es el uso de los tiempos verbales en el pasado. En español hay más de un tiempo verbal en el pasado: el pretérito, el imperfecto, los tiempos perfectos (presente, pluscuamperfecto y condicional) y el condicional simple. Sin embargo, la distinción más difícil para el estudiante típico del español es la diferencia entre el pretérito y el imperfecto. Para una explicación detallada sobre la distinción y el uso de estos dos tiempos verbales puede consultar **Atajo** (**Grammar:** Verbs: Imperfect; Preterite; Preterite (irregular); Preterite & Imperfect).

Para escuchar una lección de iRadio sobre las diferencias entre el pretérito y el imperfecto, visite **www.thomsonedu.com/spanish**. Para practicar estas estructuras, visite **www.thomsonedu .com/spanish/hacianivelesavanzados**

● PASO 2: Bosquejo

Escribir un cuento ficticio requiere una estructura diferente a la de un ensayo descriptivo, una carta o un reportaje. Además, como leyó usted en la introducción, hay otros factores por considerar. Antes de poder empezar a escribir, entonces, necesita tomar unas decisiones estratégicas importantes:

I. **Contenido**

    a. ¿Cuál es el tema de su cuento?

    b. ¿Dónde se lleva a cabo la acción?

    c. ¿En qué época histórica ocurren los sucesos que narra?

    d. ¿Quiénes son los personajes que pueblan su narrativa?

II. **Narración**

    a. ¿Va a narrar cronológicamente?

    b. Si no va a narrar cronológicamente, ¿dónde va a empezar y en qué orden va a narrar?

    c. ¿En qué orden va a presentar sus personajes al lector?

III. **Punto de vista**

    a. ¿Cuál será el punto de vista de la narrativa? ¿primera persona? ¿segunda persona? o ¿tercera persona?

    b. ¿Va a tener un narrador dentro del texto? ¿será un personaje? ¿será omnisciente?

● PASO 3: Primer borrador

Ahora está usted listo para escribir el primer borrador. El primer borrador debe ser su mejor intento de poner en palabras sus ideas sobre este punto.

Debe escribir el reportaje en un procesador de palabras. Tenga cuidado de poner todos los diacríticos usando el procesador de palabras. Preste atención a la organización que ha desarrollado en el bosquejo y también al vocabulario y a la gramática.

En la fecha indicada por su instructor(a), entregue el ensayo escrito lo mejor que pueda. En clase, intercambie su ensayo con un(a) compañero(a) de clase. En clase o en la casa lea el ensayo de su compañero(a). Corríjalo empleando la lista de cotejo que se encuentra a continuación.

I. Contenido

- ☐ ¿Es bueno el título?
- ☐ ¿Es interesante la introducción?
- ☐ ¿Es creativa?
- ☐ ¿Se han incluido todos los elementos necesarios para crear una narración viva y dinámica?
- ☐ ¿Tiene una complicación?
- ☐ ¿Qué ideas específicas del trabajo se deben aclarar más, eliminar o ampliar?
- ☐ ¿Hay pocos o demasiados detalles?
- ☐ ¿Hay muchas repeticiones?
- ☐ ¿Tiene un final cerrado o abierto?

II. Organización general

- ☐ ¿Está bien organizada la composición?
- ☐ ¿Son coherentes los párrafos?
- ☐ ¿Qué cambios se deben hacer para mejorar la organización?
- ☐ ¿Es acertada la estructura?

III. Vocabulario y gramática

- ☐ ¿Qué palabras del vocabulario cambiaría para que el trabajo sea más interesante o variado?
- ☐ ¿Qué aspectos gramaticales necesitan ser más trabajados?

IV. Detalles u otros comentarios o crítica constructiva

También necesita usted usar los códigos de corrección en el **Apéndice 2** para corregir todos los errores lingüísticos que pueda encontrar en el texto. En la fecha indicada por su instructor(a), traiga a la clase el ensayo de su compañero(a) completamente editado y con su nombre y apellido junto con la palabra *Corrector(a)* en la parte de arriba de la primera página del ensayo.

ESTRATEGIAS de escritura

Transiciones en una narración

Cuando usted escribe una narración quiere poder marcar el tiempo pasado. Su narración no estará necesariamente en orden cronológico, pero sí estará en un orden que usted va a crear. Abajo tiene algunas sugerencias léxicas que le facilitarán la creación de ese orden narrativo.

primero *first*
segundo *second*
tercero *third*
cuarto *fourth*
luego, o entonces *then*
más tarde *later*
antes *before*
más temprano *earlier*

en seguida *immediately*
de repente *suddenly*
(el día, la semana) siguiente *the following (day, week)*
después *afterward*
próximo *next*
eventualmente *eventually*
finalmente *finally*

4.7 Corrección de errores El siguiente texto escrito por un estudiante de español a nivel intermedio no ha sido editado. Corrija el ensayo utilizando los códigos de correcciones en el **Apéndice 2.**

Una día un estudiante de la universidad trabajaba en la biblioteca. El estudiante hacia su tarea para su clase de español. Terminó su tarea cuando de repente escuchó una ruida muy extraño. La ruida venía del baño. El estudiante era muy curioso. Fue investigar que fue la ruida.

Cuando abrió la puerte del baño, la primera cosa que vió se sorprendió mucho. Fue un pequeño hombre verde con dos antenas en su cabeza y solo tres dedos en sus manos. También, el pequeño hombre verde tuvo uno ojo y cuatro brazos. El estudiante de español gritó muy alto, "Ay caramba! Es un extraterrestre de la planeta Martes!"

Luego, el extraterrestre pidió, "Tú hablas español?" El estudiante de español contestó muy sorpresa, "Si. Un poco." Entonces el extraterrestre dijo, "Miro para evidencia de inteligencia en esta planeta. ¿Tú tienes evidencia de inteligencia?" "Por supuesto", contestó el estudiante de español. "Venga con mi."

(*Continúa*)

El estudiante trayó el extraterrestre a su mesa en la biblioteca y mostró a él su tarea de español. "Muy bueno," dijo el extraterrestre. "Yo nesecito este tarea como evidencia. Obviamente tú eres muy inteligente." Finalmente, el extraterrestre tomó la tarea en uno de sus tres manos y en seguida se desapereció.

El próxima día el muy antipático profesor de español no creyó el pobre estudiante cuando explicó a él porque no tuvo su tarea de español. Pobre estudiante de Español!

● PASO 4: Conversaciones sobre el tema

Un paso importante en la creación de composiciones escritas es la formulación de sus propias ideas. Ahora que usted tiene escrito un primer borrador de su composición, seguimos explorando y desarrollando el tema para ver si no hay un aspecto del tema que usted no ha incluido en su composición o que le interesaría comentar. Discuta usted las siguientes cuestiones en parejas o grupos pequeños, pensando siempre en qué vínculo puede haber entre estas cuestiones y su cuento ficticio.

1. Si decidió escribir una versión moderna de un cuento clásico, ¿cómo decidió qué cuento? ¿Por qué le gusta el cuento original? ¿Qué características tiene la narración en el cuento original? ¿Ha imitado esta narración fielmente en su versión? ¿Cuál cree usted que es la diferencia más grande entre su versión y la versión original?

2. Si optó por escribir un cuento original, ¿cuáles fueron sus modelos? ¿otros cuentos? ¿programas de televisión? ¿A qué género literario pertenece su cuento? ¿Por qué le interesa este género? ¿Basó sus personajes en personas verdaderas? ¿Quiénes son?

3. ¿Cómo escribió su cuento? ¿con lápiz o pluma? ¿directamente en la computadora? ¿Dónde estaba cuando escribía? ¿en cama? ¿en un laboratorio de computadoras? ¿Cuándo escribió? ¿tarde por la noche? ¿tempranito por la mañana? ¿Cómo, dónde y cuándo se siente usted más creativo? ¿Qué comunican estas preferencias sobre su personalidad? ¿Qué más estimula su creatividad?

4. ¿Cómo aparece usted en su narración ficticia? ¿Es usted un personaje? ¿Hay aspectos de su personalidad que aparecen en los personajes de su cuento? ¿Cuáles son? ¿Aparecen sus opiniones o ideas políticas o filosóficas en el cuento? ¿Cómo?

5. Además del editor en clase, ¿con quién más habló usted sobre su cuento? ¿un amigo o compañero de cuarto? ¿su novio o novia? ¿Es el proceso creativo algo muy personal para usted o le ayuda compartir sus ideas con otros y escuchar sus reacciones y sugerencias? Si todavía no ha compartido su cuento con su familia o amigos, ¿cree usted que sería una buena idea hacerlo antes de escribir la versión final? ¿Por qué sí o por qué no?

ESTRATEGIAS orales

La rapidez en oposición a la fluidez

A los anglohablantes, el español de los hispanohablantes nativos les suena muy rápido. Sin embargo, el anglohablante nativo típico pronuncia más palabras en un cierto tiempo limitado que un hispanohablante nativo; o sea, usted probablemente habla inglés más rápidamente que los hispanohablantes nativos. ¿Lo duda?

Por fortuna, hablar español no es una carrera contra el reloj. Hablar con fluidez (*fluency*) no significa hablar rápido. Valen mucho más la buena pronunciación de las vocales y las consonantes, un buen control de los verbos y la gramática y un ritmo constante y predecible que la rapidez. ¡Relájese! Hable despacio y correctamente con una buena pronunciación y todos le entenderán. Si otros hablan más rápido que usted, da igual. Usted será una de esas personas que habla más despacio y con más cuidado: es un excelente atributo de un hablante no nativo.

● PASO 5: Segundo borrador

Ahora ha recibido su primer borrador con las ediciones, correcciones y sugerencias de su compañero(a)-corrector(a). Saque una fotocopia del **Apéndice 1: Reacciones del autor.** Usted necesita completar la hoja e incorporar en el segundo borrador todas las ediciones, correcciones y sugerencias del editor que usted encuentre apropiadas. Su instructor(a) le indicará si usted le entregará el segundo borrador para que lo evalúe o si será editado por un(a) segundo(a) compañero(a). Si las conversaciones de **Paso 4: Conversaciones sobre el tema** le han hecho pensar en algo novedoso para su composición, ahora también tiene usted una oportunidad para incluir esas nuevas ideas.

Cómo decir lo que usted quiere decir

En **Estrategias de escritura** del **Capítulo 3,** leyó sobre la importancia de escribir directamente en español. Se puede concluir de esta estrategia que no importa qué es lo que usted quiere decir en inglés, si las palabras que escribe en español no comunican esta idea. Muchas veces, cuando un instructor le pide a un estudiante que clarifique lo que significa una oración, el estudiante comienza a traducir al inglés la idea que tiene en la cabeza. ¡No lo haga! Usted necesita prestar atención particular a sus verbos. ¿Están conjugados correctamente? Hay que escoger su vocabulario con cuidado. ¿Está seguro de que las palabras que está usando significan lo que usted cree? Después de todo, el lector de su ensayo no tiene acceso a las ideas en inglés que tiene usted en su cabeza. Sus palabras en español son el único recurso que usted tiene como escritor para comunicar sus ideas a su lector. Preste mucha atención a su lenguaje.

• PASO 6: Trabajo final

Después de recibir las ediciones, correcciones y sugerencias sobre el segundo borrador de un segundo corrector(a) o de su instructor(a), usted tiene una oportunidad más para pulir y perfeccionar su trabajo. Ahora tiene dos borradores y muchas ediciones, correcciones y sugerencias por considerar. Utilizando toda esta información, escriba usted el ensayo una vez más. Ése será su trabajo final. Entrégueselo a su instructor(a) en la fecha indicada.

La voz pasiva

Con frecuencia los estudiantes de español cometen errores en el intento de usar la voz pasiva. Muchas veces estos errores resultan de una confusión entre la voz pasiva y el pretérito. La mejor sugerencia sobre la voz pasiva es evitarla siempre que se pueda. Es mejor cambiar la sintaxis de una oración para utilizar una voz activa que una pasiva. De modo que es preferible tanto en inglés como en español escribir *"The students did their homework"* que escribir *"The homework was done by the students"*. Sin embargo, hay ocasiones en las que debe usarse la voz pasiva. En ese caso es preciso que manipule la voz pasiva correctamente si quiere que otros lo entiendan. Para una explicación detallada sobre la forma y el uso de los verbos en la voz pasiva puede consultar **Atajo (Grammar:** Verbs: Passive; Passive with *se*).

Para practicar con ejercicios sobre la voz pasiva, véase el **www.thomsonedu.com/spanish/ hacianivelesavanzados**

FRENTE A LA COMPOSICIÓN ESCRITA

© J. I. Pino/EPA/Corbis

Sobre la autora

Carmen Martín Gaite nació en Salamanca en 1925 y murió en Madrid en 2000. Es una de las escritoras españolas más destacadas del siglo XX. Fue la primera mujer escritora a la que se le otorgó el prestigioso Premio Nacional de Literatura por su publicación de la novela titulada *El cuarto de atrás* (1978).

Martín Gaite cultivó la poesía, el ensayo, el cuento, la novela, el teatro, la crítica literaria y la traducción. Se le conoce más por su narrativa. Escribió su primer cuento cuando aún era niña y publicó su primera novela, *El balneario,* en 1955. Varias veces se le invitó a ser miembro de la Real Academia, pero siempre rechazaba tal invitación, arguyendo que su pasión era la escritura. Así fue hasta el final de sus días: se dice que murió agarrada a sus cuadernos, escribiendo hasta el último momento.

Se comenta que en su obra se reiteran los mismos temas y que más bien es una constante reescritura. Varios de esos temas, tales como la libertad, el papel de la literatura en la vida del lector y el mundo de los sueños y la fantasía, se presentan en *Caperucita en Manhattan* (1990). Esta novela es una reescritura actualizada del cuento tradicional *Caperucita Roja.* Aunque su título puede despistarnos, *Caperucita en Manhattan* se presta para ser leída por lectores de cualquier edad, pues motiva a la reflexión sobre temas universales, como los tres ya mencionados. Se divide, al igual que una narración tradicional, en tres partes. Nos cuenta sobre Sara Allen, una niña de diez años cuya curiosidad, astucia y precocidad es mal entendida o ignorada por los adultos. Sara es una lectora insaciable y desea convertirse en escritora. También desea poder vivir en un ambiente que la estimule más intelectualmente y la prepare para vivir en libertad.

La selección que se presenta a continuación pertenece a la primera parte, "Sueños de libertad". Esta selección cumple muy bien con las convenciones de un cuento tradicional, pues empieza proveyendo información sobre el espacio donde se lleva a cabo la acción y nos presenta a los personajes principales.

Léxico temático

aborrecer *to hate*

la antorcha *torch*

atreverse *to dare*

avisar *to warn*

bostezar *to yawn*

brillar *to shine*

el cenicero *ashtray*

empequeñecer *to belittle*

enterarse *to find out*

los fuegos artificiales *fireworks*

el guiño *wink*

la harina *flour*

imponer *to impose*

llegar con retraso *to arrive late*

el mando a distancia *remote control*

el mantel *tablecloth*

oxidarse *to rust*

el puente *bridge*

el rascacielos *skyscraper*

la vivienda *housing*

4.8 Ejercicio léxico Rellene los espacios en blanco con la palabra más apropiada de la lista de vocabulario.

1. Cuando personas del campo van a la ciudad por la primera vez siempre se sorprenden por lo alto que son los _____.

2. Margarita dejó su bicicleta en la lluvia y empezó a _____.

3. Linda nunca _____ en la clase de español porque encuentra la materia tan fascinante.

4. Esteban y su hermana menor frecuentemente pelean sobre el _____ cuando ven la tele juntos.

5. El general _____ la ley marcial en todas las provincias del país.

6. En Nueva York hay un _____ famosísimo.

7. La madre siempre pone su _____ favorito sobre la mesa para la cena familiar de Nochebuena.

8. Nuestros padres nunca _____ de la fiesta que tuvimos en la casa cuando ellos estaban de vacaciones.

9. Los _____ ya son objetos del pasado en los edificios del gobierno.

10. La _____ es el ingrediente principal de esa receta.

4.9 Más práctica léxica En una hoja aparte escriba frases originales utilizando las nuevas palabras de vocabulario que aparecen a continuación.

1. bostezar
2. atreverse
3. aborrecer
4. antorcha
5. brillar
6. llegar con retraso

4.10 Antes de leer Conteste las siguientes preguntas en grupos pequeños.

1. Muchas veces los títulos no se traducen literalmente. ¿Puede adivinar cuáles son los equivalentes de estos títulos en inglés: *La Cenicienta, Alicia en el país de las maravillas, Los tres cerditos, Blancanieves* y *El gato con botas?*

2. De niño(a), ¿cuál era su cuento tradicional favorito? ¿Por qué?

3. Resuma las acciones más importantes de Caperucita Roja. ¿Cómo se imagina usted su apariencia y personalidad?

4. En *Alicia en el país de las maravillas* se menciona que todas las historias tienen una moraleja. Con esto en mente, ¿puede explicar la moraleja de *Caperucita Roja?*

5. ¿Por qué cree usted que en una reescritura hecha por una autora española se escoge Manhattan como el escenario donde ocurre la acción?

6. ¿Qué espera que sea igual o que cambie en esta reescritura?

7. ¿Qué significa tener libertad?

ESTRATEGIAS de lectura

El lector cómplice

El novelista y cuentista argentino Julio Cortázar (1918–82) es uno de los escritores hispanoamericanos más importantes del siglo XX. Él decía siempre que tenía preferencia como escritor por un lector cómplice. Este tipo de lector no es a quien le gusta que el escritor le diga todo lo que necesita saber en un texto. Por el contrario, el lector cómplice participa en la creación de un texto escrito al traer su propia experiencia, su propia inteligencia y sus propias interpretaciones al texto. Particularmente cuando usted lee textos literarios (cuentos, poemas, novelas, obras teatrales, etc.) puede necesitar ser un lector cómplice del escritor. En la literatura, el escritor no siempre le pinta todo perfectamente claro a su lector. A veces el lector necesita terminar el trabajo de sacar significado del texto, al traer su propia experiencia al texto. ¡No tenga miedo! ¡Anímese! ¡Sea un lector cómplice!

Caperucita en Manhattan*

Primera parte: Sueños de libertad

Uno: Datos geográficos de algún interés y presentación de Sara Allen

La ciudad de Nueva York siempre aparece muy confusa en los atlas geográficos y al llegar se forma uno un poco de lío.° Está compuesta por diversos distritos, señalados en el mapa con colores diferentes, pero el más conocido de todos es Manhattan, el que impone su ley a los demás y los empequeñece y los deslumbra.° Le suele corresponder el color amarillo. Sale en las guías turísticas y en el cine y en las novelas. Mucha gente se cree que Manhattan es Nueva York, cuando, simplemente forma parte de Nueva York. Una parte es especial, eso sí.

Se trata de una isla en forma de jamón con un pastel de espinacas en el centro que se llama Central Park. Es un gran parque, alargado° por donde resulta excitante caminar de noche, escondiéndose de vez en cuando detrás de los árboles por miedo a los ladrones y asesinos que andan por todas partes y sacando un poquito la cabeza para ver brillar las luces de los anuncios y de los rascacielos que flanquean el pastel de espinacas, como un ejército de velas encendidas para celebrar el cumpleaños de un rey milenario.

Pero a las personas mayores no se les ve alegría en la cara cuando cruzan el parque velozmente en taxis amarillos o coches grandes de charol, pensando en sus negocios o mirando nerviosos el reloj de pulsera porque llegan con retraso a algún sitio. Y los niños, que son los más que disfrutarían corriendo esa aventura nocturna, siempre están metidos en sus casas viendo la televisión, donde aparecen muchas historias que les avisan de lo peligroso que es salir de noche. Cambian de canal con el mando a distancia y no ven más que gente corriendo que se escapan de algo. Les entra sueño y bostezan.

Manhattan es una isla entre ríos. Las calles que quedan a la derecha de Central Park y corren en sentido horizontal terminan en un río que se llama el East River, por estar el este, y las de la izquierda en otro: el río Hudson. Se abrazan uno con otro por abajo y por arriba. El East River tiene varios puentes, a cual más complicado y misterioso, que unen la isla por esa parte con otros barrios de la ciudad, uno de los cuales se llama Brooklyn, como también el famoso puente que conduce a él. El puente de Brooklyn es el último, el que queda más al sur, tiene mucho tráfico y está adornado con hilos de luces formando festón° que desde lejos parecen faro-

Glosses (left margin):
- one can get confused
- dazzles/blinds
- stretched out
- garland

Hacia niveles avanzados, **Capítulo 4,** alternative reading: "Clarissa" by Isabel Allende. This short story by the internationally acclaimed Chilean author about an elderly woman and her youthful maid is a powerful narrative on the strength and power of women. To learn more about this alternative reading, as well as others, visit **www.textchoice.com/voices**

lillos de verbena.° Se encienden cuando el cielo se empieza a poner malva° y ya los niños han vuelto del colegio en autobuses a encerrarse en sus casas.

Vigilando Manhattan por la parte del abajo del jamón, donde se mezclan los dos ríos, hay una islita con una estatua enorme de metal verdoso que lleva una antorcha en su brazo levantado y a la que vienen a visitar todos los turistas del mundo. Es la estatua de la Libertad, vive allí como un santo en su santuario, y por las noches, aburrida de que la hayan retratado tantas veces durante el día, se duerme sin que nadie lo note. Y entonces empiezan a pasar cosas raras.

Los niños que viven en Brooklyn no todos se duermen por la noche. Piensan en Manhattan como en lo más cercano y al mismo tiempo lo más exótico del mundo, y su barrio les parece un pueblo perdido donde nunca pasa nada. Se sienten como aplastados bajo una nube densa de cemento y vulgaridad. Sueñan con cruzar de puntillas° el puente que une Brooklyn con la isla que brilla al otro lado y donde imaginan que toda la gente está despierta bailando en locales tapizados de espejo,° tirando tiros, escapándose en coches de oro y viviendo aventuras misteriosas. Y es cuando la estatua de la Libertad cierra los ojos, les pasa a los niños sin sueño de Brooklyn la antorcha de su vigilia. Pero esto no lo sabe nadie, es un secreto.

Tampoco lo sabía Sara Allen, una niña pecosa° de diez años que vivía con sus padres en el piso catorce de un bloque de viviendas bastante feo, Brooklyn adentro. Pero lo único que sabía es que cuando sus padres sacaban la bolsa negra de la basura, se lavaban los dientes y apagaban la luz, todas las luces del mundo le empezaban a ella correr por dentro de la cabeza como una rueda de fuegos artificiales. Y a veces le daba miedo, porque le parecía que la fuerza aquella la levantaba en vilo de la cama° y que iba a salir volando por la ventana sin poderlo evitar.

Su padre, el señor Samuel Allen, era fontanero,° y su madre, la señora Vivian Allen, se dedicaba por las mañanas a cuidar ancianos en un hospital de ladrillo rojo rodeado por una verja de hierro.° Cuando volvía a casa, se lavaba las manos, porque siempre le olían un poco a medicina, y se metía en la cocina a hacer tartas, que era la gran pasión de su vida.

La que mejor le salía era la de fresa, una verdadera especialidad. Ella decía que la reservaba para las fiestas solemnes, pero no era verdad, porque el placer que sentía al verla terminada era tan grande que había acabado por convertirse en un vicio rutinario, y siempre encontraba en el calendario o en sus propios recuerdos alguna fecha que justificase aquella conmemoración. Tan orgullosa estaba la señora Allen de su tarta de fresa que nunca le quiso dar la receta a ninguna vecina. Cuando no tenía más remedio que hacerlo, porque le insistían mucho, cambiaba las cantidades de harina o de azúcar para que a ellas les saliera seca y requemada.

—Cuando yo me muera —le decía a Sara con un guiño malicioso—, dejaré dicho en mi testamento dónde guardo la receta verdadera, para que tú les puedas hacer la tarta de fresa a tus hijos.

"Yo no pienso hacerles nunca tarta de fresa a mis hijos", pensaba Sara para sus adentros. Porque había llegado a aborrecer aquel sabor de todos los domingos, cumpleaños y fiestas de guardar.

Pero no se atrevía a decírselo a su madre, como tampoco se atrevía a confesarle que no le hacía ninguna ilusión tener hijos para adornarlos con sonajeros,° chupetes,° baberos° y lacitos,° que lo que ella quería de mayor era ser actriz y pasarse todo el día tomando ostras° con champán y comprándose abrigos con el cuello de armiño,° como uno que llevaba de joven su abuela Rebeca en una foto que estaba al principio del álbum familiar, y que a Sara le parecía la única fascinante. En casi todas las demás fotos aparecían personas difíciles de distinguir unas de otras, sentadas en el campo alrededor de un mantel de cuadros o a la mesa de algún comedor donde se estaba celebrando una fiesta olvidada, cuya huella unánime era la tarta. Siempre había entre los manjares restos de tarta° una tarta entera; y a la niña le aburría mirar a aquellos comensales sonrientes porque también ellos tenían cara de tarta.

Rebeca Little, la madre de la señora Allen, se había casado varias veces y había sido cantante de *music hall*. Su nombre artístico era Gloria Star. Sara lo había visto escrito en algunos viejos programas que ella le había enseñado. Los guardaba bajo llave en un mueblecito de tapa ondulada. Pero ahora ya no llevaba cuellos de armiño. Ahora vivía sola en Manhattan, por la parte de arriba del jamón, en un barrio más bien pobre que se llamaba Morningside. Era muy aficionada al licor de pera, fumaba tabaco con picadura y tenía un poco perdida la memoria. Pero no porque fuera demasiado vieja, sino porque a fuerza de no contar las cosas, la memoria se oxida. Y Gloria Star, tan charlatana° en tiempos, no tenía ya a quién enamorar con sus historias, que eran muchas, y algunas inventadas.

Su hija, la señora Allen, y su nieta, Sara, iban todos los sábados a verla y a ordenarle un poco la casa, porque a ella no le gustaba limpiar ni recoger nada. Se pasaba el día leyendo novelas y tocando foxes y blues en un piano negro muy desafinado°; así que por todas partes se apilan los periódicos, las ropas sin colgar, las botellas vacías, los platos sucios y los ceniceros llenos de colillas° de toda la semana. Tenía un gato blanco, cachazudo° y perezoso que atendía por Cloud, pero que nada más abría los ojos cuando su ama se ponía a tocar el piano; el resto del tiempo lo consumía dormitando encima de una butaca de terciopelo verde. A Sara le daba la impresión de que su abuela tocaba el piano nada más que para que el gato se despertara y le hiciera un poco de caso.

La abuela nunca venía a verlos a Brooklyn ni los llamaba por teléfono, y la señora Allen se quejaba de que no quisiera venirse a vivir con

---

Marginal glosses (left column):

rattles; pacifiers; bibs; ribbons; oysters; ermine

leftovers of cake

chatterbox/ gossiper

out of tune

cigarette stubs slow

ellos para poderla cuidar y darle medicinas como a los ancianitos de su hospital.

—Ellos me dicen que soy su ángel guardián, que nadie empuja con más mimo que yo un carrito de ruedas. ¡Ay qué sino tan triste! —suspira la señora Allen.

—No entiendo. ¿No dices que te gusta el trabajo? —la interrumpía su marido.

—Sí.

—¿Entonces, qué es lo que te parece tan triste?

—Pensar que unos enfermos desconocidos me quieren más que mi propia madre, que no me necesita para nada.

—Es que ella no está enferma —replicaba el señor Allen. Además, ¿no te ha dicho muchas veces que le gusta vivir sola?

—Claro que me lo ha dicho.

—Pues entonces, déjala en paz.

—Me da miedo que le roben o le pase algo. Le puede dar de repente un ataque al corazón, dejarse abierto el gas por la noche, caerse del pasillo... —decía la señora Allen, que siempre estaba barruntando catástrofes.°

—¡Qué le va a pasar! Ya verás cómo no le pasa nada —decía él—. Ésa nos enterrará a todos. ¡Menuda lagarta!°

El señor Allen siempre llamaba "ésa" a su suegra. La despreciaba porque había sido cantante de *music hall*, y ella a él porque era fontanero. De esto y de otros asuntos familiares se había enterado Sara, porque su dormitorio y el de sus padres estaban separados por un tabique muy fino° y, como siempre, se dormía más tarde que ellos, alguna noche los oía discutir.

Cuando la voz del señor Allen subía mucho de tono, su mujer le decía:

—No hables tan alto, Sam, que puede oírnos Sara.

Ésta era una frase que la niña recordaba desde su más tierna infancia. Porque ya en aquel tiempo (más todavía que ahora) había cogido la costumbre de espiar las conversaciones de sus padres a través del tabique.

Sobre todo por ver si salía a relucir en ellas el nombre del señor Aurelio. Durante aquellas noches confusas de sus primeros insomnios infantiles, ella soñaba mucho con el señor Aurelio.

sensing catastrophes

The little lizard!

thin wall

4.11 Después de leer   Conteste las siguientes preguntas individualmente, basándose en le lectura que acaba de hacer.

1. Describa a Sara Allen. ¿Cuáles son sus intereses? ¿y sus sueños?

2. ¿Dónde vive Sara específicamente?

3. Describa la vida de los niños que viven en Nueva York, según lo hace la lectura. ¿Cree usted que es una descripción acertada? Com-

pare esa descripción con la que tiene usted sobre los niños que viven en ciudades grandes.

4. ¿Cuál es el ambiente en el cual vive Sara?

5. Describa a la madre de Sara. ¿A qué se dedica profesionalmente? ¿y sus pasatiempos?

6. ¿Qué importancia tiene la tarta de fresa para la Sra. Allen? ¿y para Sara?

7. ¿Cómo es la abuela de Sara? ¿A qué se dedicaba cuando era joven? ¿Cómo es su vida ahora?

8. ¿Con qué frecuencia visitan Sara y su madre a la abuela en Manhattan? ¿Cómo son estas visitas?

9. ¿Por qué discuten el señor y la señora Allen sobre la abuela? ¿Por qué no está contenta con su madre la señora Allen?

10. ¿Cómo sabe Sara de las conversaciones entre sus padres?

 4.12 Análisis de composición escrita Responda a las siguientes preguntas de análisis sobre la lectura que acaba de hacer. Puede trabajar individualmente o en grupo, según le indique su instructor(a).

1. ¿Quién es el narrador de esta historia: una mujer, un hombre o una niña? ¿Qué pistas se lo indican?

2. Vuelva a contestar esta pregunta: ¿Por qué cree usted que Martín Gaite escogió situar esta historia en Nueva York?

3. ¿Se parece Sara Allen a la Caperucita que usted conoce del cuento tradicional? ¿En qué se parece? ¿En qué se diferencia?

4. En esta historia las mujeres ocupan un papel central. ¿A qué atribuye eso?

5. Sara se identifica más con su abuela que con su madre. ¿Por qué?

6. ¿Qué cree usted que representa la tarta de fresa para Vivian Allen?

7. Al final de la novela, Sara Allen se escapa para llevarle a su abuela la acostumbrada tarta de fresa de todos los sábados. Por el camino conoce y ayuda a Mr. Woolf, un hombre rico y solitario, cuya obsesión es lograr hacer la más sabrosa de las tartas de fresa. También conoce a Miss Lunatic, una vieja francesa, elegante, rara y sabia. De día Miss Lunatic vive dentro de la Estatua de la libertad y de noche vaga por las calles de Nueva York, siempre solucionando problemas y prestándole atención a los marginados. Miss Lunatic se convierte en maestra de Sara y, al final, Sara decide escaparse hacia su mundo. ¿Esperaba que la historia terminara así? ¿Con qué relaciona estos cambios?

8. ¿Qué otros temas se presentan en la lectura? Explíquelos.

Diario de reflexiones

Escriba en su diario por diez minutos sobre su reacción a esta lectura que acaba de hacer. Puede escribir sobre uno de los personajes, un tema o una reacción personal que usted ha tenido a la lectura o sobre cualquier otra cosa que se le ocurra relacionada con el tema de esa lectura. No escriba su diario en un procesador de palabras sino a mano, en su cuaderno. No busque palabras en el diccionario. Si no conoce una palabra, intente pensar en otra equivalente o simplemente escriba la palabra en inglés. Tampoco se preocupe mucho por la gramática. Sea tan correcto como pueda, pero no se detenga a consultar reglas gramaticales. Escriba todo lo que pueda en diez minutos. Sea generoso con sus ideas y con su lenguaje.

FRENTE A LA COMPOSICIÓN ORAL

© Comstock Images/Jupiter Images

Preparar el escenario

El siguiente cuento popular de Puerto Rico es favorito de niños a través de la isla. Se puede considerar literatura folklórica, literatura infantil, literatura de la tradición oral o una combinación de esos géneros. Esta versión fue narrada por Petra Pizarro. Según la señora Pizarro, cuando no había electricidad y aún menos televisión, contar cuentos era una actividad habitual. Se reunía la familia y se entretenía contando cuentos como éste de Juan Bobo, un personaje folklórico. A veces a Juan Bobo le salen bien las cosas; sin embargo, la mayoría de las veces actúa muy despistadamente.

4.13 Antes de escuchar Comente las preguntas siguientes en pequeños grupos.

1. Cuando usted era niño(a), ¿cuál era el cuento favorito que su madre o su padre le leía? ¿Cuáles son las características de un buen cuento para niños? ¿Tenía usted un autor favorito o una colección de libros que le gustaba leer cuando estaba en la escuela primaria?

2. ¿Es importante que los padres les lean a sus hijos? ¿Por qué? ¿Qué beneficios obtienen los niños cuando un adulto les lee?

3. ¿Tuvo usted la oportunidad alguna vez de leerle un cuento a un niño? ¿Cómo reaccionó el niño? ¿Qué tipos de preguntas frecuentemente hacen los niños cuando escuchan un cuento?

4. Hace muchos años las familias se podían sentar juntas alrededor de la radio y escuchar cuentos, historias y otras narrativas en sus programas favoritos de radio. Hoy en día la misma familia se entretiene mirando la tele. ¿Cuáles ventajas hay de escuchar un cuento en vez de mirarlo en un video o en la tele? ¿Cuáles son las ventajas en poder ver la narrativa representada en la pantalla?

Track 5

4.14 Después de escuchar Conteste las siguientes preguntas individualmente basándose en la materia que acaba de escuchar.

1. ¿A dónde tenía que ir la madre de Juan Bobo?

2. ¿Cuáles eran los animales que la madre dejó para que Juan Bobo cuidara?

3. ¿Qué piensa Juan Bobo que quiere el cerdo cuando éste comienza a chillar?

4. ¿Qué hace Juan Bobo para "ayudar" al cerdo?

5. ¿Qué cree Juan Bobo que quieren los pollitos cuando empiezan a piar?

6. ¿Por qué dejan de piar los pollitos?

7. Cuando Juan Bobo piensa que la vaca tiene hambre, ¿qué le da de comer?

8. ¿Cómo reaccionó la madre cuando volvió y vio todo lo que hizo Juan Bobo?

4.15 Análisis de composición oral   Responda a las siguientes preguntas de análisis sobre la selección que acaba de escuchar. Puede trabajar individualmente o en grupo, según le indique su instructor(a).

1. Comente el uso del pretérito y del imperfecto en el cuento. ¿Cuándo se utiliza el imperfecto? ¿Entiende por qué se utilizan el imperfecto y el pretérito en sus respectivos contextos?

2. ¿Qué emoción quiere evocar este cuento en la audiencia que lo escucha? ¿Cómo reaccionó usted al cuento? ¿Tiene moraleja el cuento? ¿Cuál es?

3. ¿Es particularmente puertorriqueño el cuento? ¿Por qué sí o por qué no? ¿Puede ser bien entendido por personas de otras culturas y sociedades? Explique.

4. Si usted fuera a adaptar este cuento para que reflejara la realidad de su comunidad en el siglo XXI, ¿cómo lo cambiaría? ¿Hay elementos del cuento que podrían quedarse iguales? ¿Hay elementos que sería necesario cambiar?

Diario de reflexiones

Escriba en su diario por diez minutos sobre su reacción al tema de la materia que acaba de escuchar. Usted puede reflexionar sobre los cuentos infantiles, sus cuentos favoritos como niño(a), el uso de la literatura para educar a los niños o cualquier otra cosa que se le ocurra relacionada con el tema de la Composición oral. No escriba su diario en un procesador de palabras sino a mano, en su cuaderno. No busque palabras en el diccionario. Si no conoce una palabra, intente pensar en otra equivalente o simplemente escriba la palabra en inglés. Tampoco se preocupe mucho por la gramática. Sea tan correcto como pueda, pero no se detenga a consultar reglas gramaticales. Escriba todo lo que usted pueda en diez minutos. Sea generoso con sus ideas y con su lenguaje.

CAPÍTULO CINCO
La lingüística aplicada

En este capítulo el enfoque gira en torno al tema de la lingüística aplicada. Usted va a estudiar algunas ideas introductorias sobre cómo las personas adquieren una segunda lengua. Al final entenderá más conscientemente cuáles son los pasos en la adquisición de una segunda lengua y cómo los estudiosos describen ese proceso. Luego, después de leer sobre cómo se escribe un ensayo expositivo, tendrá la oportunidad de escribir un ensayo con las características de ese tipo de redacción sobre la pedagogía de uno de sus profesores.

Criterios de NCATE

Todos los alumnos que estudian con este texto tienen algo en común: son estudiantes de español. Para ser un estudiante eficaz de lengua a largo plazo, ayuda mucho entender cómo los seres humanos aprenden lenguas. El estudio de cómo se aprenden lenguas se llama lingüística aplicada. El criterio tres de NCATE se enfoca en esa materia. Hay una rica literatura dedicada a las teorías sobre cómo las personas adquieren una segunda lengua. Tres estrategias de aprendizaje que se encuentran en esas teorías son el *input* en la metalengua, la negociación del significado y la interacción.

Con suerte, usted habrá tenido la experiencia de tener maestros y profesores de español que hablaban casi exclusivamente en español en clase. La teoría tras esa estrategia es simple: mientras más lenguaje escucha un estudiante, mejor aprende la lengua. Claro, si un estudiante es un principiante, a veces es necesario que el instructor simplifique su lenguaje o utilice un léxico más sencillo. Frecuentemente, los estudiantes se frustran cuando un instructor nunca habla inglés en clase. Para ser un estudiante efectivo de español hay que reconocer que la mejor manera de perfeccionarse es escuchando, hablando, escribiendo y leyendo siempre más en español.

La negociación del significado es otra estrategia relacionada con la del *input.* En general, todos los estudiantes de español como segunda lengua se tienen que esforzar por entender el español hablado y escrito. Antes de perfeccionar la comunicación usted necesita aprender estrategias para negociar el significado de la lengua. Algunas de esas estrategias incluyen pedirle al interlocutor que hable más despacio o que repita lo que dijo. También incluye repetir lo que otro le ha dicho a usted para verificar la comprensión o para pedir clarificación. Estas estrategias lo ayudan a continuar la conversación aunque usted no haya entendido todo.

Una última estrategia de aprendizaje importante es la interacción. Todos sabemos lo aburrido que puede ser memorizar conjugaciones de verbos o traducir oraciones del español al inglés. Por esa razón, la estrategia de la interacción establece que la manera más poderosa de aprender una segunda lengua consiste en la interacción personal y comunicativa del estudiante con el maestro y con otros estudiantes, todo en español. En otras palabras, si usted quiere aprender más rápidamente, es importante que comunique sus propias ideas en sus propias palabras sobre asuntos que son de importancia para usted. Esa interacción, significativa para usted, es preferible a la memorización o a la repetición fuera de un contexto con el cual usted pueda relacionarse.

Esas tres estrategias de aprendizaje, que son parte de algunas teorías de la lingüística aplicada, son una introducción básica a tres de las ideas fundamentales sobre cómo usted está aprendiendo el español. Para poder aprender más y mejor, usted necesita entender cómo es que aprende mejor.

FRENTE A LA DISCIPLINA

Léxico temático

adquirir *to acquire*

el aprendizaje *learning*

la capacidad *proficiency; capacity*

el conocimiento *knowledge*

las destrezas *skills*

dominar *to master*

especializarse *to major*

interferir *to interfere*

la material *subject; topic; theme*

medir *to measure*

la meta *goal*

opinar *to opine; to be of the opinion*

el reto *challenge*

5.1 Ejercicio léxico Empareje las palabras de la columna de la izquierda con las definiciones correctas de la columna de la derecha.

1. el conocimiento
2. las destrezas
3. medir
4. el reto
5. dominar
6. la materia
7. especializarse
8. el aprendizaje
9. la meta
10. la capacidad

a. saber muy bien
b. seguir una carrera académica específica
c. el acto de aprender
d. lo que usted espera lograr
e. habilidades específicas
f. tomar las medidas
g. algo difícil que usted quiere hacer
h. un tema de estudio
i. la información que usted sabe
j. la habilidad o la aptitud de hacer algo bien

5.2 Más práctica léxica Rellene los espacios en blanco con la palabra apropiada de la lista anterior.

1. Diferentes estudiantes tienen diferentes estilos de _____.

2. A nosotros no nos gusta _____ en las vidas de otros.

3. Los mecánicos tienen _____ especiales que son muy útiles en el mantenimiento de vehículos de diferentes tipos.

4. A veces parece que los ricos siempre _____ más mientras los pobres pierden lo que tienen.

5. Pablo se alistó en el ejército porque buscaba un _____ que requiriera toda su energía y esfuerzo.

6. Los libros no son el único camino al _____, pero son un buen lugar para comenzar.

7. Un experto gana _____ en su disciplina sólo después de mucho trabajo y práctica.

8. El sastre _____ los brazos, el pecho y los hombros para asegurarse de que el saco se ajuste bien.

9. El español es una de las _____ más valiosas que se puede estudiar en la universidad.

10. El juez _____ que el abogado no había preparado efectivamente su caso.

 5.3 Antes de leer Discuta estas preguntas primero en pequeños grupos y luego con toda la clase.

1. ¿Cree usted que aprender una segunda lengua es difícil o no tanto? ¿Por qué piensa así? ¿Cuáles materias son más fáciles o difíciles de aprender para usted?

2. ¿Cuáles son las ventajas de tener un profesor de español para quien el español es su lengua materna? ¿Qué ventajas hay en estudiar con un profesor que aprendió el español como segunda lengua?

3. ¿Cree usted que todos los inmigrantes en los Estados Unidos deben aprender inglés como segunda lengua? ¿Por qué sí o por qué no? ¿Cuánto tiempo toma aprender efectivamente una segunda lengua? ¿El español es más difícil o más fácil de aprender como segunda lengua que el inglés? ¿Por qué cree así?

4. ¿Le gusta a usted participar mucho en su clase de español? ¿Por qué sí o por qué no? ¿Preferiría una clase de español con más énfasis en la participación activa o más énfasis en ejercicios de gramática?

5. ¿Qué efecto tiene estudiar en un país de habla española en la adquisición del español como segunda lengua? ¿Por qué opina así? ¿Cuál es la duración ideal de un programa de estudios en el extranjero? ¿En una carrera académica, cuándo es el mejor momento para estudiar en otro país?

ESTRATEGIAS de lectura

Leer con diferentes propósitos

El proceso de la lectura no es siempre igual. Usted debe practicar diferentes estrategias dependiendo de su propósito al leer un texto. Por ejemplo, sería inapropiado leer de la misma manera una guía telefónica, un artículo periodístico, un poema romántico de su novio(a), los versos favoritos del libro sagrado de su religión o las instrucciones para armar su nueva computadora. Cada uno de esos textos requiere un nivel diferente de atención y concentración.

¿Cómo va a leer usted la siguiente selección sobre la lingüística aplicada? ¿de la misma manera que lee una guía telefónica? ¿de la misma manera que lee un poema o un texto sagrado? ¿o de la misma manera que lee instrucciones? ¿Va a leer sólo con el propósito de contestar las preguntas que vienen después? De ser así, ¿tendrá que leer las preguntas de comprensión antes de empezar a leer? ¿Querrá usted memorizar partes de esa información para salir bien en un examen? En ese caso, ¿cuántas veces necesitará leer el texto?

Al fin y al cabo, nunca es suficiente decir "Leí el texto y no entendí nada". La manera en que usted leyó y el propósito que tenía en mente al leer afectan el proceso de lectura y la comprensión del texto.

La lingüística aplicada

Usted leyó en la introducción a los criterios de NCATE en el **Capítulo 1** que todos los estudiantes de español tienen la misma meta: aprender todo lo posible sobre la lengua española y el mundo hispanohablante. Claro, si usted dedica tanta energía a sus clases de español es evidente que quiere aprender español.

Si usted está de acuerdo con que quiere aprender español, ¿no sería una idea excelente entender algo sobre cómo usted —y todos los estudiantes de segundas lenguas— aprenden su materia? La disciplina de la lingüística aplicada se dedica a ese tipo de estudio, sobre cómo los seres humanos adquieren segundas lenguas. Los estudiantes que se preparan para ser maestros de español estudiarán esta materia con mucho más detalle en el futuro. Sin embargo, todo estudiante de español debe saber algo acerca de este estudio porque le puede servir de mucho en su propio aprendizaje de la lengua.

Un primer paso al estudiar la lingüística aplicada es aprender qué significa saber una segunda lengua. ¿Saber español significa poder manipular la gramática con perfección, saber mucho vocabulario, entender la realidad cultural tras la lengua o poder pronunciar bien las vocales y los consonantes, incluyendo la /rr/ múltiple en *carro*? Tal vez dominar una lengua significa todas estas cosas y más. Una de las razones por la que los criterios de NCATE son de tanto valor para un estudiante universitario es porque ayudan a definir qué significa saber bien una segunda lengua.

Los criterios de NCATE son, de muchas maneras, una extensión de los *Standards for Foreign Language Learning* que también han sido desarrollados por la *American Council on the Teaching of Foreign Languages* (ACTFL). Los estándares (*standards*) que definen un modelo de conocimiento de una lengua extranjera en los niveles K–16, se conocen por las cinco C: comunicación, cultura, conexiones, comparaciones y comunidades. Comunicación significa que un estudiante sabe hablar, escuchar, leer y escribir en la segunda lengua. Cultura, obviamente, refleja la necesidad de que el estudiante entienda las culturas de los países donde se habla la lengua estudiada. Conexiones representa el deseo de que el estudiante conecte su estudio de la segunda lengua con el estudio de otras disciplinas. Comparaciones se refiere al conocimiento del sistema lingüístico de la segunda lengua y a la habilidad de hacer comparaciones entre este sistema y el de la lengua nativa del estudiante. Finalmente, comunidades se refiere al deseo de que el estudiante participe en la comunidad donde se habla la lengua estudiada, fuera de la escuela y el salón de clase.

Tanto los criterios de NCATE como los estándares son parte de la respuesta de estudiosos de la lingüística aplicada a lo que significa tener un buen conocimiento de una segunda lengua. A medida que usted siga conociendo mejor los criterios de NCATE, entenderá siempre más ampliamente qué significa tener cierto dominio del español.

Otro instrumento para medir la capacidad con la cual un estudiante habla una segunda lengua son los parámetros (*guidelines*) de ACTFL. Este instrumento, diferente a los estándares de NCATE, no establece metas finales, sino que es una manera de medir el progreso de un estudiante. Los parámetros miden la capacidad de un estudiante en las cuatro destrezas lingüísticas: hablar, escribir, leer y escuchar. Hay cuatro diferentes niveles generales en los parámetros: novicio, intermedio, avanzado y superior.

Hay diferentes descriptores para cada nivel en cada destreza. En el sitio http://www.actfl.org/i4a/pages/index.cfm?pageid=4236, se encuentran los esquemas para cada nivel y cada destreza. Una descripción general de los criterios para la destreza de hablar puede ayudar a entender los límites de los diferentes niveles. El estudiante novicio se identifica por la incapacidad de crear lenguaje original. Sólo puede repetir palabras memorizadas sin poder adaptarlas a diferentes usos o contextos lingüísticos.

A nivel intermedio, el estudiante puede crear nuevas oraciones y frases para comunicar ideas originales. Los límites del estudiante intermedio son que sólo puede comunicarse utilizando el tiempo presente y sólo puede hablar de ciertos temas comunes en su vida, como la escuela, la familia, la casa, los amigos, etc. Para pasar al nivel avanzado el estudiante necesita demostrar su capacidad no sólo para describir en el presente, sino para narrar en el futuro y en el pasado sin errores graves ni frecuentes que interfieran con la comprensión. El estudiante avanzado, además, sólo puede hablar de su propia experiencia concreta, sin poder generalizar con teorías ni filosofías abstractas. Esa habilidad es la que identifica al estudiante con un dominio superior. Ese estudiante puede defender ideas abstractas, presentar opiniones y defenderlas y conversar sobre situaciones hipotéticas.

Aunque el progreso del nivel novicio al nivel intermedio puede ocurrir rápidamente, pasar del intermedio al avanzado y del avanzado al superior es un proceso que relativamente toma mucho más tiempo. Los lingüistas sugieren que un buen estudiante de español como segunda lengua que se especializa en esta materia debe poder llegar al primer subnivel del nivel avanzado después de cuatro años de estudio en la universidad. Claro, puede haber estudiantes que se gradúen con títulos en español que no lleguen al nivel avanzado en las cuatro destrezas lingüísticas. También, es posible que un estudiante llegue al nivel superior, particularmente si estudia durante un tiempo extendido en un país de habla hispana. Sin embargo, hay que observar que estadísticamente muy pocos estudiantes de español que no se especializan en la materia académica nunca llegan al nivel avanzado y aún menos al nivel superior.

Esa verdad señala una distinción importante entre la adquisición de una primera lengua y una segunda lengua. Casi todos los seres humanos llegan a un nivel avanzado en su lengua materna. No es poco común que una persona bien educada hable su primera lengua demostrando un nivel superior. Entonces, ¿por qué es tan difícil llegar a una alta capacidad en una segunda lengua, cuando que los niños regularmente aprenden a dominar su primera lengua? Hay muchas opiniones diferentes entre lingüistas sobre esa diferencia entre la adquisición de una primera lengua por un niño y la adquisición de una segunda lengua por un adulto. En parte estas diferentes teorías expresan dos visiones diferentes sobre cómo los seres humanos aprenden lenguas.

En un extremo se tiene a los que se conocen como racionalistas o mentalistas. Estos entienden el proceso de aprender un lenguaje como un ejercicio principalmente interno e intelectual. Dos de los lingüistas más conocidos de este campo, Noam Chomsky y Stephen Krashen, concuerdan en la creencia de que los seres humanos tienen una capacidad intelectual especial para el lenguaje. En pocas palabras, opinan que todos nacemos con la capacidad de aprender lenguas. Adquirir una primera o segunda lengua, entonces, es un proceso de eliminar obstáculos para que la capacidad natural de la persona pueda producir lenguaje.

En el otro extremo de la discusión se encuentran los que se conocen como los empiristas o ambientalistas. Los lingüistas de este campo filosófico opinan que el lenguaje es un fenómeno puramente social. Las personas aprenden lenguas como cualquier otra destreza: practicando lo que copian de otros hasta hacerlo suyo. El lingüista más famoso de este campo, B. F. Skinner, comparó el proceso de aprender una lengua con los famosos perros de Pavlov. Los perros de Pavlov aprendieron, después de mucha repetición, a asociar el sonido de un timbre con la carne roja. Al final, los perros empezaron a salivar sólo al escuchar un timbre. De la misma manera, una persona aprende un lenguaje después de mucha práctica y mucha repetición, y después de ver y escuchar muchos ejemplos de otros que hablan la misma lengua.

Hasta hoy, la disciplina de la lingüística aplicada no ha llegado a entender el proceso de aprender una segunda lengua suficientemente como para saber quiénes tienen la razón, los impericistas o los racionalistas. Para entender mejor cómo las personas aprenden lenguas se necesitan mucho más estudios e investigaciones. Por ahora, lo único en que todos los estudios están de acuerdo es que aprender una segunda lengua es un proceso largo y arduo. La pregunta para usted es, ¿está listo para continuar con el reto?

5.4 Después de leer Conteste las siguientes preguntas individualmente, basándose en la lectura que acaba de hacer.

1. ¿Cómo define en sus propias palabras lo que significa la lingüística aplicada?

2. ¿Cuáles son las cinco subdivisiones de los estándares? ¿Cómo se relacionan con los criterios de NCATE?

3. ¿Cuáles son las características básicas de los parámetros de ACTFL a nivel avanzado en la destreza de hablar?

4. ¿Quiénes son Noam Chomsky y Stephen Krashen?

5. ¿Qué diferencia hay entre los racionalistas y los ambientalistas en cuanto a las teorías de la adquisición de lenguaje?

Diario de reflexiones

Escriba en su diario por diez minutos sobre su reacción al tema de la lingüística aplicada. Puede escribir sobre su experiencia aprendiendo español, sobre un maestro de español favorito que haya tenido, sobre un profesor en cualquier disciplina que lo haya inspirado o sobre cualquier otra cosa que se le ocurra relacionada con el tema de esta lectura. No escriba su diario en un procesador de palabras sino a mano, en su cuaderno. No busque palabras en el diccionario. Si no conoce una palabra, intente pensar en otra equivalente o simplemente escriba la palabra en inglés. Tampoco se preocupe mucho por la gramática. Sea tan correcto como pueda, pero no se detenga a consultar reglas gramaticales. Escriba todo lo que pueda en diez minutos. Sea generoso con sus ideas y con su lenguaje.

COMPOSICIÓN: LA EXPOSICIÓN

Introducción

Hasta este punto usted ha visto varios diferentes modos de escritura: en los primeros dos capítulos escribió dos diferentes textos descriptivos, en el **Capítulo 3** mezcló la descripción con algunos elementos de la narración para escribir un reportaje; finalmente, en el **Capítulo 4** escribió una narración formal. El modo de escribir de este capítulo, la exposición, tiene diferentes propósitos con respecto a otros tipos de redacción que usted ya ha estudiado. Además, la estructura puede ser distinta también. Se puede definir la exposición como un modo de escritura que intenta analizar una situación o problema sin que el autor tome una postura a favor o en contra de la situación o del problema.

Los textos expositivos tienen muchos usos. En el mundo académico se escriben muchos ensayos expositivos. Si usted piensa en el proceso científico, tendrá un buen ejemplo de un texto expositivo. Primero, usted colecciona información sobre una realidad natural: la reacción de los ratones a diferentes niveles de contaminación química, la población de una especie de sapo en su pueblo, la cantidad de lluvia durante las tres décadas pasadas. Luego, analiza la información que ha encontrado. Como buen científico, usted no debería tener preferencia personal sobre lo que dicen los datos. Por el contrario, objetivamente recopila los datos, hace observaciones y analiza los resultados con el propósito principal de proveer información. El proceso es transparente e imparcial.

Es fácil imaginar situaciones en su propia disciplina del español en las cuales será necesario escribir un texto expositivo. En algún ensayo para una clase de cultura y civilización, tal vez tenga que analizar los procesos de migración hispana hacia su región, interpretar los datos sobre el estado de la economía española dentro de la Unión Europea o investigar las causas de la explosión en la popularidad internacional de la música latina fuera de las comunidades hispanohablantes. En un curso dedicado a la literatura del mundo hispanohablante es posible que un(a) instructor(a) le pida un análisis crítico de un poema de Sor Juana Inés de la Cruz o una interpretación de una serie de cuentos de Jorge Luis Borges. En una clase de lingüística tal vez tenga usted el trabajo de investigar el uso del subjuntivo en diferentes comunidades hispanohablantes o de analizar las características fonémicas en la manera de expresarse de un hispanohablante nativo particular.

En todos estos casos, el trabajo que le piden hacer no es simplemente describir ni convencer a un lector de su opinión sobre una cuestión controvertida. Su trabajo es recopilar información y analizarla de manera objetiva y crítica para llegar a una conclusión final basada en ese análisis.

Ahora bien, aunque el análisis en una exposición es objetivo, el ensayo de todas maneras girará en torno a una tesis sólida y definida. Esa tesis no será su opinión personal, sino su conclusión objetiva más importante basada en la información que coleccionó.

Lo más tradicional en un ensayo expositivo es empezar con la tesis definitiva en la introducción. También, en la introducción, antes de presentar la tesis, se deberá ofrecer una breve descripción del asunto que va a tratar en ese ensayo, explicando, por ejemplo, por qué es un tema que merece estudio y cómo llegó a pensar en hacer un análisis de esa índole. Finalmente, usted termina su introducción con una tesis concisa y clara que explica, en una oración, generalmente, la conclusión a la cual usted ha llegado después de sus estudios.

Después de la introducción, en el cuerpo del ensayo expositivo vendrá la defensa de su tesis, para la cual utilizará la evidencia que usted ha recopilado. Esos párrafos deberán organizarse de acuerdo con la prueba que usted explica en ese párrafo. Entonces, si hay cinco buenas razones en la información que ha recopilado que lo han convencido de que su tesis es correcta, a lo mejor tendrá cinco párrafos, cada uno describiendo una de esas razones. Por el contrario, tal vez sólo haya dos buenas razones que defiendan su tesis, pero cada una de estas razones se compone de dos partes. Entonces, usted tendrá cuatro párrafos, dos para cada razón que defienda su tesis. El número de párrafos en el cuerpo de su ensayo expositivo no es importante. Lo preciso es que cada uno de esos párrafos ayude a defender su tesis concisa y clara que presenta en su introducción.

Se puede observar de lo dicho anteriormente que hay dos maneras en las cuales usted puede arruinar gravemente su ensayo expositivo. La primera es escribir una tesis débil; la segunda es no estructurar el cuerpo de su ensayo de manera tal que cada párrafo respalde su tesis de manera sistemática y organizada. Es importante crear una tesis fuerte y clara. Si su tesis es débil, su comprobación en el cuerpo de su ensayo puede ser menos obvia.

A continuación se encuentran tres recomendaciones para asegurarse de que su ensayo sea preciso y efectivo.

1. **La conclusión que se desprenda de la tesis que usted elabore debe de ser original y creativa y no obvia.**

   Tesis obvia: "Hay ahora más latinos en nuestra región que hace diez años."

   Tesis creativa: "Los hombres miembros de familias migrantes hacen más trabajo doméstico después de venir a nuestra región que el que hacían en su país de origen."

2. **Su tesis debe de ser sencilla y precisa y no compuesta de varias ideas diferentes.**

   Tesis imprecisa: "Las tasas de desempleo en España afectan particularmente a las mujeres jóvenes y como resultado ellas viven más tiempo en la casa familiar de sus padres y se casan o tienen hijos más tarde en la vida."

   Tesis precisa: "Aunque el desempleo afecta a todas las poblaciones en España, sus efectos son particularmente graves entre mujeres jóvenes que tienen de dieciocho a treinta años."

3. **Su tesis debe de ser objetiva y basada en la evidencia encontrada en la investigación sin interferencia de sus propias opiniones.**

   Tesis excesivamente subjetiva: "Según mis investigaciones, concluyo que los mexicanos hablan mejor español que los puertorriqueños y son mucho más fáciles de entender."

   Tesis objetiva: "Basada en observaciones de hablantes nativos de Puerto Rico y México, se puede concluir que el español mexicano tiene menos variaciones fonémicas del español estándar latinoamericano y normalmente es más fácil de entender por parte del estudiante de español como segunda lengua."

Ahora que usted tiene una tesis original, precisa y objetiva, y tiene varios párrafos en el cuerpo de su ensayo y que cada uno defiende un aspecto de su tesis, sólo le hace falta una conclusión. Hay dos elementos claves en una buena conclusión. Primero, debe repetir su tesis y resumir el argumento que ha hecho para explicar sus conclusiones. Ese resumen puede ser de sólo dos o tres oraciones. Segundo, toda buena conclusión amplía la tesis y apunta hacia otra pregunta, observación o problema que su tesis y su argumento no han podido contestar. Esa idea nueva puede ser introducida con lenguaje como "En este ensayo no ha habido espacio para explorar..." o "Es necesario hacer más estudios en el futuro sobre...". La idea de introducir en la conclusión una nueva idea que su tesis provoca demuestra la importancia del tema de su tesis y sugiere cómo esa idea conduce a la investigación de otras preguntas relacionadas con el asunto estudiado. De esta manera, su ensayo expositivo tendrá un lugar en el diálogo humano sobre este aspecto del conocimiento.

5.5 Ejercicio de comprensión Luego de leer la información sobre la exposición, conteste las siguientes preguntas.

1. ¿De qué manera se diferencia la exposición de otros modos de escritura que usted ha estudiado?

2. Además de la tesis, ¿qué más debería contener una introducción?

3. ¿Cuáles son los dos peligros más graves que pueden debilitar un ensayo expositivo?

4. ¿Cuáles son dos de las tres recomendaciones para escribir una tesis efectiva?

5. ¿Por qué es importante introducir una idea nueva en la conclusión de un ensayo expositivo?

● PASO 1: Trabajo escrito

Para practicar la composición de un texto expositivo, según usted leyó, va a tener que hacer algo de investigación. Deberá entrevistar a dos de sus profesores sobre sus metodologías en la instrucción. Estos profesores no necesitan ser de español, sino que pueden ser de cualquier disciplina en la universidad o, inclusive, viejos maestros de la escuela secundaria. Las entrevistas deben ser breves y concisas, con un máximo de cinco preguntas. Es preciso que usted les haga las mismas preguntas a los dos instructores. Puede hacer la entrevista en persona, por teléfono o electrónicamente.

Cuando tenga la información de las entrevistas usted necesita escribir un ensayo expositivo que compare, contraste y analice las metodologías de los profesores. Después de pasar por todos los pasos en la composición de este texto escrito, usted va a presentar formalmente la versión final enfrente de la clase. Su instructor(a) proveerá más detalles sobre los requisitos del ensayo y sobre la presentación.

5.6 Antes de escribir Conteste las siguientes preguntas.

1. ¿Qué características le gustan más de la forma en que sus profesores enseñan? ¿Qué estrategias usan que usted encuentra particularmente efectivas?

2. ¿Qué no le gusta que los profesores hagan en el salón de clase? Describa algunas estrategias que sus profesores han usado que usted no ha encontrado efectivas? ¿Cuáles cree que fueron los propósitos de esas estrategias? ¿Por qué no fueron efectivas?

3. ¿Quién ha sido su profesor favorito en la escuela secundaria o en la universidad? Describa a esa persona y el estilo de su instrucción. ¿Por qué le gusta tanto?

4. ¿Quién ha sido su profesor menos favorito en la escuela secundaria o en la universidad? Describa a esa persona y el estilo de su instrucción. ¿Por qué no le gusta?

5. ¿Cuáles son los atributos de un estudiante efectivo? Aunque cada individuo aprende de una manera diferente, ¿hay características que tengan en común los estudiantes que disfrutan de éxito académico en la escuela secundaria o en la universidad?

CONSULTORIO gramatical

El subjuntivo: Después de *que*

La mayoría de los verbos en español se pueden conjugar en tres diferentes modos: el indicativo, el subjuntivo y el imperativo. Con la excepción de ocho verbos irregulares en el imperativo familiar afirmativo, los verbos se conjugan en el modo imperativo igual que en el modo indicativo o en el modo subjuntivo, según la situación. Por consiguiente, es preciso tener un buen conocimiento de los modos indicativo y subjuntivo. Hasta ahora usted ha revisado diferentes tiempos verbales en el modo indicativo (presente, presente progresivo, futuro, pretérito e imperfecto).

En el subjuntivo hay diferentes tiempos verbales. En **Atajo** usted puede ver las conjugaciones en el modo subjuntivo de los tiempos verbales presente, imperfecto, presente perfecto y pluscuamperfecto. Es muy común y ocurre en contextos gramaticales específicos y bien definidos. Repase los usos del modo subjuntivo después de la conjunción *que*. Para leer una explicación detallada puede consultar **Atajo** (**Grammar:** Verbs: Subjunctive with *que*).

Para escuchar una lección de iRadio sobre el modo subjuntivo, visite **www.thomsonedu.com/spanish**. Para practicar el modo subjuntivo, visite **www.thomsonedu.com/spanish/hacianivelesavanzados**

● **PASO 2: Bosquejo**

Este ensayo, como el primero del **Capítulo 1,** tendrá una estructura bastante formal. Como mínimo, tendrá la estructura familiar de introducción-cuerpo-conclusión. Antes de empezar a escribir, es importante organizar sus ideas de acuerdo a esa estructura. De ese modo, cuando llegue el momento de enfrentar la página en blanco ya sabrá no sólo dónde empezar sino cómo concluir. En la composición del bosquejo de su ensayo expositivo sobre la metodología de instrucción de sus profesores deberá contestar las siguientes preguntas para la introducción-cuerpo-conclusión. No es necesario contestar todas las preguntas y es posible que tenga que incluir otros elementos en su ensayo expositivo.

I. **Introducción**

   a. ¿A quiénes entrevistó usted?

   b. ¿Dónde enseñan los profesores? ¿Qué materias enseñan?

   c. ¿Cuál es el aspecto más importante o más llamativo en la comparación entre las metodologías de instrucción de los dos profesores?

II. **Cuerpo**

   a. ¿Qué preguntas les hizo usted a los dos profesores?

   b. ¿Cómo respondieron a sus preguntas?

   c. ¿Qué comparaciones puede hacer entre las respuestas que le hicieron los dos?

   d. Entre estas posibles comparaciones, ¿cuál es en su opinión la más llamativa o más importante?

III. **Conclusiones**

   a. ¿Qué nos revelan las respuestas de los dos profesores sobre sus metodologías?

   b. ¿Qué importancia para la instrucción en general tiene la comparación más importante entre los profesores que ha entrevistado usted?

● **PASO 3: Primer borrador**

Ahora está usted listo para escribir el primer borrador. El primer borrador debe ser su mejor intento de poner en palabras las ideas que tenga hasta ahora. Debe escribir el ensayo en un procesador de palabras. Tenga cuidado de poner todos los diacríticos usando el procesador de palabras. Préstele atención a la organización que ha desarrollado en el bosquejo y también al vocabulario y a la gramática.

En la fecha indicada por su instructor(a), entregue el ensayo escrito lo mejor que pueda. Ese día en la clase, intercambie su ensayo con un(a) compañero(a) de clase. En clase o en casa lea el ensayo de su compañero(a). Debe corregirlo empleando la lista de cotejo que se encuentra a continuación.

I. **Contenido**
  - ☐ ¿Es bueno el título?
  - ☐ ¿Es interesante la introducción?
  - ☐ ¿Hay una tesis que identifique la comparación más importante entre los dos profesores?
  - ☐ ¿Se han incluido todos los elementos necesarios para crear un ensayo expositivo claro y preciso sobre las pedagogías de estos dos profesores?
  - ☐ ¿Qué ideas específicas del trabajo se deben aclarar más, eliminar o ampliar?
  - ☐ ¿Hay pocos o demasiados detalles?
  - ☐ ¿Hay muchas repeticiones?
  - ☐ ¿Hay una conclusión efectiva que reitere la tesis y la aplique a otra idea que no ha habido tiempo de desarrollar en este ensayo?

II. **Organización general**
  - ☐ ¿Está bien organizada la composición?
  - ☐ ¿Son coherentes los párrafos?
  - ☐ ¿Qué cambios se deben hacer para mejorar la organización?

III. **Vocabulario y gramática**
  - ☐ ¿Qué palabras del vocabulario cambiaría usted para que el trabajo sea más interesante o variado?
  - ☐ ¿Qué aspectos gramaticales necesitan ser más trabajados?

IV. **Detalles u otros comentarios o crítica constructiva**

También necesita usar los códigos de corrección en el **Apéndice 2** para corregir todos los errores lingüísticos que pueda encontrar en el texto. En la fecha indicada por su instructor(a), traiga a clase el ensayo de su compañero(a) completamente editado y con su nombre y apellido junto con la palabra *Corrector(a)* en la parte de arriba de la primera página del ensayo.

ESTRATEGIAS de escritura

Una sintaxis simplificada

Cuando usted considera las estrategias para escribir efectivamente, siempre es mejor escribir sencilla y correctamente que de una manera complicada pero llena de errores. Por esa razón, es recomendable que mantenga la sintaxis lo más simple posible. Usted ya sabe, como leyó en el **Capítulo 2,** que la sintaxis lidia con la manera en que las palabras se organizan al formar oraciones.

Cuando usted escribe, haga un esfuerzo especial por simplificar su sintaxis. Recuerde: es mejor escribir simplemente y comunicarse efectivamente que escribir de una manera más complicada y perder a su lector en la confusión y la inseguridad.

5.7 Corrección de errores El siguiente ensayo sobre las estrategias pedagógicas de un profesor de español no ha sido editado. Corrija el ensayo utilizando los códigos de corrección en el **Apéndice 2.**

© The Thomson Corporation/Heinle Image Resource Bank

La profesora Mejías es un maestro de español. Es un instructor muy bueno que tiene una buena filosofia pedagógico. Puede ser un modelo para otros profesores de español o de otras materias en la universidad.

El centro de la filosofia pedagógico de la profesora Mejías es la importancia de tener estudiantes activos. La participación

(Continúa)

de los estudiante en el proceso de aprendizaje es el aspecto mas importante: "en mis clases yo siempre quiero que los estudiantes produzcan su propio lengua."

La profesora Mejias no identifica a si mismo con el campo teorico de los "rascionalistas" o con el campo teorico de los "ambientalistas". Ella cree que aprender una segunda lengua es un combinación de procesos internos y influencias externos: "yo diría que [aprender una segunda lengua] es algo de los dos, una capasidad intelectual interior y mucha practica siguiendo el ejemplo de modelos exteriores." Algunos estudiantes tienen mejor abilidades intelectuales para aprender una segunda lengua. Pero, sin la influencia que viene con la instrucción, la más de la gente no pueden aprender bien una segunda lengua.

Uno de las influencias externos más importantes en la opinión de la profesora Mejías es estudiando en otro país. Si un estudiante no tiene la experiencia de "estar metido en la cultura," no puede aprender a dominar la lengua. Sin embargo, no es suficiente solo viajar a otro pais. La profesora Mejías también cree que sea importante estudiar las estructuras básicos de la lengua primero. Entonces, un estudiante puede comunicar con nativos en el pais.

Para tener éxito, la profesora Mejías dice que los estudiantes solo nesecitan hacer "un intento sincero y serio" en sus clases. En una clase de español o en una clase de otra materia, ella piensa que si el maestro y los estudiantes trabajan mucho, todos pueden tener exito. En la otra mano, si un estudiante no se esforza mucho, es posible que no tiene éxito en la clase.

En conclusión, la profesora Mejías piensa que el estudiante tiene mucho responsabilidad para aprender. A mi me gusta este filosofia porque la responsabilidad es con el estudiante y no con el profesor. Yo también creo que el estudiante es responsable para su éxito. Probablemente es el razón que yo creo que profesora Mejias es uno de los profesores mejores en nuestra universidad.

PASO 4: Conversaciones sobre el tema

Un paso importante en la creación de composiciones escritas es la formulación de las ideas propias. Ahora que usted tiene escrito un primer borrador de su composición, seguimos explorando y desarrollando el tema para ver si no hay algún aspecto del tema que no ha incluido en su composición o que le interesaría comentar. Discuta las siguientes preguntas en parejas o en grupos pequeños, pensando siempre en qué vínculo puede haber entre esas preguntas y su composición.

1. ¿Cree usted que aprender una segunda lengua es más fácil para algunas personas que para otras? ¿Por qué? ¿Es una cuestión de inteligencia, de intereses o de personalidad? ¿Es cierto que también hay personas que no son tan aptas para el estudio de matemáticas o de ciencia? ¿Hay una conexión entre una aptitud y otra?

2. ¿Cree usted que el aprendizaje de una segunda lengua debe de ser obligatorio en todas las universidades? ¿Es obligatorio en su universidad? ¿Le gusta el requisito o no? ¿Es aprender una segunda lengua más importante que aprender matemáticas o ciencia o historia? ¿Por qué sí o por qué no?

3. En muchos países del mundo los niños en las escuelas primarias ya empiezan a estudiar una segunda lengua, frecuentemente el inglés. ¿Deberíamos insistir en que niños en las escuelas primarias en los Estados Unidos estudien una segunda lengua? ¿Cuál lengua debería ser? ¿español? ¿otra? ¿A qué edad es mejor empezar el estudio de una segunda lengua?

4. ¿Es el inglés la lengua internacional dominante? ¿en los negocios internacionales? ¿en el mundo científico? ¿Qué porcentaje de la población mundial cree usted que habla inglés? Si todo el mundo habla inglés, ¿por qué las personas que hablan inglés como lengua materna necesitan aprender una segunda lengua?

5. ¿Cuáles son los beneficios de aprender una segunda lengua? ¿Hay beneficios económicos o profesionales? ¿intelectuales? ¿personales? ¿espirituales? ¿para la salud? Mencione todos los beneficios posibles en los cuales pueda pensar.

ESTRATEGIAS orales

La circunlocución

La circunlocución es una palabra larga que significa hablar en círculos o dar rodeos. Es una estrategia a veces difícil de desarrollar y emplear, pero que es absolutamente crítica para poder comunicarse efectivamente en cualquier lengua. ¿Qué pasa si usted está hablando y, de repente, no puede recordar el verbo para decir *to learn?* Usted quiere decir *"I learned a lot"* pero no puede. Si le entra el pánico no podrá decir nada, la comunicación terminará y usted no podrá hablar español. Por otro lado, si usted se encuentra en tal situación, también podrá emplear la estrategia de la circunlocución. En vez de decir *"I learned"*, podría decir *"I know more now"* o *"I understand much more"* o *"They taught me many things"*. Si hay comunicación auténtica, ¿cuál es la diferencia entre "Yo aprendí mucho", "Yo sé mucho más ahora", "Yo comprendo mucho más" y "Me enseñaron muchas cosas"? Hay poca diferencia. Además, un hispanohablante nativo nunca se va a dar cuenta que usted escogió una opción y no otra porque a usted se le había olvidado una palabra. Sólo va a pensar, "Sí, esa persona habla bien español". ¡No se frustre! Hay muchas maneras de comunicar la misma idea. Si se olvida de una palabra, siga hablando utilizando palabras que sí conoce y, así, podrá evitar la palabra desconocida dando un rodeo o hablando en círculos.

● PASO 5: Segundo borrador

Ahora ha recibido de su compañero(a) su primer borrador con las ediciones, correcciones y sugerencias de su compañero(a)-corrector(a). Saque una fotocopia del **Apéndice 1: Reacciones del autor.** Usted necesita completar la hoja e incorporar en el segundo borrador todas las ediciones, correcciones y sugerencias del editor que usted encuentre apropiadas. Su instructor(a) le indicará si usted le entregará el segundo borrador para que lo evalúe o si será editado por un(a) segundo(a) compañero(a). Si las conversaciones de **Paso 4: Conversaciones sobre el tema** lo han hecho pensar en algo novedoso para su exposición, ahora también usted tiene oportunidad para incluir esas nuevas ideas.

Elevar el estilo

Simplificar su sintaxis no significa que necesita escribir como un niño. Si le incorporara unas cuantas palabras o expresiones memorizadas y estilísticamente más sofisticadas a su oración simplificada, podría crear un texto que parecerá ser bastante avanzado. Para lograrlo, escoja tres o cuatro de las siguientes expresiones y asegúrese de incluirlas en todos sus textos escritos. Ya verá cómo se eleva el estilo de su escritura.

no cabe duda de que *there is no doubt that*

no obstante *nevertheless*

por otro lado *on the other hand*

por lo tanto *therefore*

se cree que *it is believed that*

se puede concluir que *one can conclude that*

sin embargo *however*

● PASO 6: Trabajo final

Después de recibir las ediciones, las correcciones y las sugerencias sobre el segundo borrador de un segundo corrector o de su instructor(a), usted tiene otra oportunidad más para pulir y mejorar su trabajo. Ahora tiene dos borradores y muchas ediciones, correcciones y sugerencias para considerar. Utilizando toda esa información, escriba usted el ensayo una vez más. Ése será su trabajo final. Entrégueselo a su instructor(a) en la fecha indicada.

El subjuntivo: Después de una conjunción

Además de los usos del modo subjuntivo después de *que*, el modo subjuntivo también se utiliza después de otras conjunciones. Para revisar las otras conjunciones que necesitan el modo subjuntivo puede consultar **Atajo** (**Grammar:** Verbos: Subjunctive with Conjunction).

Para escuchar una lección de iRadio sobre el modo subjuntivo, visite **www.thomsonedu .com/spanish**. Para practicar el modo subjuntivo, visite **www.thomsonedu.com/spanish/ hacianivelesavanzados**

FRENTE A LA COMPOSICIÓN ESCRITA

Courtesy of María Silvina Paricio Tato

Sobre la autora

María Silvina Paricio Tato es una de los aproximadamente cien profesores del Instituto de Enseñanza Secundaria Someso. Este instituto está localizado en Galicia, España, específicamente en La Coruña, lugar donde, además del español, se habla gallego. El Instituto Someso ofrece bachilleratos tecnológicos y ciclos formativos de grados medio y superior. En otras palabras, ofrece cursos que equivaldrían aquí a una escuela secundaria especializada en oficios tecnológicos.

La profesora Paricio Tato ha publicado varios artículos sobre educación y didáctica de las lenguas. Está adscrita a la iniciativa de las Naciones Unidas llamada Década de Educación para el Desarrollo Sostenible. Esta iniciativa tiene como propósito principal lograr que la educación le preste atención a problemas mundiales, tales como la contaminación, para tratar de fomentar percepciones y actitudes que logren un desarrollo sostenible favorable.

El artículo que usted leerá a continuación fue publicado en la *Revista Iberoamericana de Educación* (34/4, 2004), que publica artículos en español y portugués en versiones impresa y digital. Esta revista es un órgano de difusión de la Organización de Estados Iberoamericanos.

Léxico temático

el alumnado *student body*
la apertura *opening*
atestiguar *to testify*
clave *key*
la competencia *skill; competency*
el conjunto *group; set*
los desafíos *challenges*
detenerse *to stop; to pause*

la enseñanza *teaching*
el hablante nativo *native speaker*
las medidas *measures; measurements*
no caber duda *to be without a doubt*
la política *policy*
el profesorado *faculty*
profundizar *to deepen*
promover *to promote*

5.8 Ejercicio léxico Rellene los espacios en blanco con la palabra más apropiada de la lista de vocabulario.

1. Hay muchos _____ que necesitan enfrentar los estudiantes de español como segunda lengua.

2. Además de los profesores y la administración, _____ también tiene responsabilidades importantes en el gobierno de la universidad.

3. En los momentos _____ de la vida, siempre es bueno tener los amigos y la familia a su lado.

4. No todos estaban de acuerdo con la nueva _____ que las autoridades anunciaron sobre la inmigración indocumentada.

5. Es difícil definir lo que es un _____ de una lengua, porque diferentes personas hablan su lengua materna de una manera diferente.

6. Para considerarse un profesional, es necesario demostrar su _____ en su campo de especialización.

7. Aunque no les gustó a los estudiantes, el _____ aprobó la nueva política definiendo los requisitos de educación general.

8. Los médicos tomaron todas _____ posibles para salvarle la vida al paciente, pero no pudieron.

5.9 Más práctica léxica En una hoja aparte escriba frases originales utilizando las nuevas palabras de vocabulario a continuación.

1. no caber duda

2. la enseñanza

3. la apertura

4. profundizar

5. el conjunto

6. promover

ESTRATEGIAS de lectura

Anotaciones

Una de las diferencias críticas entre el lenguaje en forma escrita y en forma hablada es que el autor no está presente cuando el lector lee su texto. Por el contrario, normalmente cuando una persona se comunica con su audiencia mediante la palabra hablada sí está presente. Si es una conversación, la persona que escucha puede hacer preguntas, buscar clarificaciones o pedir que el que habla repita. Incluso, al final de una presentación formal, frecuentemente hay oportunidad para que el público haga preguntas.

El lector está solo al momento de intentar descifrar un texto escrito. Sin embargo, puede imitar el proceso de intercambio de información al hacer anotaciones. El lector puede escribir preguntas u objeciones en los márgenes. Puede subrayar partes del texto que sean las más importantes para ayudarlo a recordar esas secciones, o puede poner círculos alrededor de las oraciones o párrafos o ideas que no entiende. Así, podrá volver a esas secciones más tarde, después de leer todo el texto para ver si puede interpretar mejor esas ideas.

Leer requiere ese nivel de participación por parte del lector. Cada lector lee un texto desde su propia perspectiva. El texto, entonces, no está completo sin las contribuciones activas del lector. En fin, no podrá decir que ha leído de verdad un texto si al final las páginas están tan limpias como estaban al principio.

 5.10 Antes de leer Conteste las siguientes preguntas en grupos pequeños.

1. ¿Qué idiomas se hablan en la Unión Europea? ¿Cuál cree usted que tiene mayor número de hablantes?

2. ¿Cuál es su opinión con respecto a si debería hablarse una lengua en común en la Unión Europea?, ¿cuál debería ser esa lengua? ¿Sería mejor que todos los países hablaran al menos dos lenguas?, ¿cuál debería ser la segunda lengua?

3. ¿Ha oído alguna vez el término educación internacional? ¿A qué cree que se refiere? ¿Cree que es sinónimo de educación intercultural? ¿De qué manera?

4. ¿Cuáles cree que serían las ventajas de una educación intercultural? ¿Sería ése un objetivo que sólo podría lograrse a través del estudio de lenguas? Además de estudiar lenguas, ¿de qué otras maneras se podría lograr una educación intercultural?

5. ¿Cuál cree usted que es la relevancia de enseñar múltiples culturas en la enseñanza de lenguas en la Unión Europea? ¿Es la exploración de diferentes culturas más importantes en la Unión Europea que en los Estados Unidos? ¿Por qué sí o por qué no?

6. ¿Cuál cree usted que son el papel y las tareas del instructor en la enseñanza intercultural de lenguas? ¿Qué rol debe asumir el estudiante? ¿Qué características debe tener un profesor de lenguas que tenga como meta lograr la interculturalidad?

Dimensión intercultural en la enseñanza de las lenguas y formación del profesorado

1. Introducción

La enseñanza y el aprendizaje de las lenguas extranjeras han de ponerse siempre en relación con el contexto social, político, económico y cultural en el que tienen lugar. Éste influye de manera determinante en el enfoque a adoptar, los métodos a seguir, etc. No cabe duda de que el nuevo escenario de la Unión Europea, e incluso el más amplio de la globalización de los intercambios económicos a nivel mundial, están teniendo repercusiones en el modo de abordar° la enseñanza de las lenguas, orientando esta última hacia la dimensión intercultural. Ello implica el planteamiento de nuevos desafíos para el profesorado del área, al que se atribuyen nuevos roles y nuevas tareas a los que tendrá que hacer frente en su quehacer cotidiano.°

Expondremos primeramente a grandes rasgos cuáles son las directrices europeas° en materia de enseñanza de lenguas para centrarnos a continuación en los cambios derivados del manifiesto deseo de potenciar[1] la dimensión intercultural. Nos detendremos así en definir los pilares básicos en los que se asienta[2] el enfoque intercultural aplicado a la enseñanza de las lenguas, explicando cuáles son los componentes de la dimensión cultural y en qué consisten las nociones de competencia comunicativa intercultural y de conciencia cultural crítica, dos conceptos clave en esta nueva orientación. Dedicaremos asimismo un apartado a exponer cuál debe ser el papel del profesorado en el desarrollo de la dimensión intercultural, concluyendo con un conjunto de pautas encaminadas° a orientar su formación inicial y continua en esa dirección.

El enfoque intercultural se ve apoyado por los más recientes desarrollos en el campo de la didáctica de las lenguas, que han abierto nuevas vías al apuntar hacia una enseñanza más integrada de lengua y cultura

the way to treat

everyday tasks

European directives

a set of standards designed

---

[1]the changes derived from the manifest desire to empower; [2]the basic pillars on which rests

(Buttjes y Byram, 1991; Byram, 1997; Byram y Risager, 1999; Byram y Fleming, 2001; Kramsch, 1993; Zarate, 1986). Estos desarrollos empiezan a dejar su huella en las directrices establecidas por las Administraciones Educativas en los currículos de lenguas extranjeras de los estados miembros de la Unión. Un estudio sobre la enseñanza de las lenguas en entornos escolares en Europa, llevado a cabo por Eurydice (2001), pone de manifiesto° que los programas oficiales de la mayor parte de los países europeos, además de optar masivamente por el enfoque comunicativo, incluyen el componente cultural como una dimensión importante. Según se recoge en los mencionados documentos, a través del aprendizaje de lenguas, el alumnado debe ampliar su conocimiento y profundizar en la comprensión de las poblaciones que las hablan, de sus costumbres y modos de vida.

makes clear

Estos objetivos formulados en términos de apertura al otro se acompañan de la invitación al ejercicio de una reflexión personal sobre la propia cultura. Son varios también los programas que consideran el conocimiento de una o varias lenguas extranjeras como un factor de enriquecimiento personal y profesional.

La publicación, en el 2001, por parte del Consejo de Europa del marco de referencia europeo para el aprendizaje, la enseñanza y la evaluación de las lenguas (Instituto Cervantes, 2002)* ha supuesto un importante avance de cara a la planificación de la enseñanza de las lenguas en Europa.[3] El documento, que concede un papel importante a la dimensión intercultural, refleja el deseo de esta entidad de adaptar la enseñanza de idiomas a las necesidades del mundo contemporáneo y de desarrollar consensos sobre los objetivos y principios por los que ha de guiarse dicha enseñanza° en el futuro. Concebido como una especie de guía, su finalidad es proporcionar un conjunto de orientaciones° en cuanto a objetivos, metodología, procedimientos de evaluación, etc., de utilidad para administraciones educativas, autores de libros de texto, formadores de formadores y profesorado en general.

that should guide said teaching; provide a set of orientations

2. La normativa comunitaria en materia de política lingüística

Dentro de la política educativa europea, el aprendizaje de lenguas ocupa ya desde hace años un lugar importante. Tanto el Consejo de Europa como la Unión Europea asumen en sus textos oficiales una postura de defensa abierta del plurilingüismo° y colaboran activamente en la adopción de medidas concretas en ese terreno. Ambas entidades consideran la diversidad lingüística y cultural de Europa como un rico patrimonio que es necesario preservar. Además, el conocimiento de lenguas se presenta como un instrumento que favorece el mejor entendimiento entre los pue-

multilingualism

* El documento original se publicó en el año 2001 en inglés y francés.

[3]has represented an important advancement when faced with the planning of the teaching of languages

blos y la comprensión mutua, al tiempo que posibilita el desarrollo de actitudes de tolerancia y respeto hacia otras culturas, contribuyendo así a la creación de un sentimiento de ciudadanía europea. Junto con este discurso de corte humanista, el objetivo último que justifica el fomento del aprendizaje de lenguas —tanto en el entorno escolar como fuera de él— se encuentra en realidad en la necesidad de preparar a la ciudadanía europea para una creciente movilidad transnacional, consecuencia de la libre circulación de personas. El examen de los textos comunitarios permite seguir la pista° a ese discurso que vincula el conocimiento de idiomas con la educación intercultural.

En el caso de la Unión Europea, la mención a la necesidad de promover el conocimiento de las lenguas comunitarias en los estados miembros figura ya en el artículo 126 del Tratado de Maastricht (actual 149 de la versión consolidada del Tratado de la Unión; Comisión Europea, 1999), que contempla como objetivo "desarrollar la dimensión europea de la enseñanza, especialmente a través del aprendizaje y de la difusión de las lenguas de los Estados miembros". Este mismo objetivo reaparece en el *Libro verde sobre la dimensión europea de la educación* (Comisión Europea, 1993). Remontándonos unos treinta años atrás, cabe reseñar[4] la Resolución del Consejo y de los Ministros de Educación correspondiente al Consejo celebrado el 9 de febrero de 1976 (DO n° C O38, 19-2-1976) que constituye prácticamente el primer texto oficial donde se contempla un programa de acción comunitario específico para el campo de la educación, incluyéndose un cierto número de objetivos relacionados con la enseñanza de lenguas en el sistema educativo y fuera de él. Se habla ya aquí —entre otras cuestiones— de la conveniencia de promover intercambios de profesorado y alumnado, así como estancias en el extranjero° —germen de los actuales programas Sócrates y Leonardo— y se apela a la necesidad° de examinar a nivel comunitario las investigaciones en materia de metodología de la enseñanza de idiomas, especialmente los trabajos del Consejo de Europa.

El Libro blanco sobre la educación y la formación. Enseñar y aprender. Hacia la sociedad del conocimiento (Comisión Europea, 1995) incluye como uno de los objetivos educativos para construir la sociedad del conocimiento el "dominar tres lenguas comunitarias", objetivo quizá optimista en exceso. El documento alude a la firme voluntad de superar el carácter elitista que poseía antes el aprendizaje de idiomas, reservado generalmente a las clases sociales más favorecidas. Se plantea así la necesidad de posibilitar que todos los ciudadanos y ciudadanas europeos (no sólo los que están en edad escolar), con independencia de su nivel de formación o del itinerario educativo que escojan, adquieran y mantengan la capacidad de comunicarse al menos en dos lenguas extranjeras, además de la propia. La formulación de este objetivo tendría su origen en la

follow the hints

study-abroad programs

appeals to the necessity

---

[4]going back some thirty years, it is worth mentioning

Resolución del Consejo de Ministros de Educación, celebrado el 31 de marzo de 1995, sobre la mejora y diversificación del aprendizaje y la enseñanza de lenguas en los sistemas educativos de la Unión, donde se habría apuntado a la promoción de la diversidad lingüística como uno de los principales desafíos planteados en el terreno educativo (DO nº C 207, 12-8-1995). Las finalidades asignadas a la educación en lenguas en el *Libro blanco* se sintetizan *grosso modo*° en tres: (1) incremento de las oportunidades económicas, (2) desarrollo del sentido de pertenencia e identidad, y (3) progreso educativo para el individuo.

Como atestiguan los anteriores documentos, el aprendizaje de idiomas constituye uno de los pilares básicos de la política educativa europea al que siguen aludiendo de manera casi inexcusable los textos comunitarios, presentándolo como un elemento favorecedor de la integración y la cohesión social. La adquisición de destrezas comunicativas en lenguas extranjeras ha de extenderse más allá de lo que son las etapas de escolarización,° manteniéndose como un reto permanente para la población adulta. En lo que respecta a los sistemas educativos de los países miembros, las medidas recomendadas apuntan al comienzo del aprendizaje de una primera lengua extranjera a edades tempranas y a la introducción de una segunda lengua en etapas posteriores.

Más recientemente, las Conclusiones de la Presidencia del Consejo de Lisboa de marzo de 2000* incluyen los idiomas como una de las nuevas competencias básicas que deben poseer todos los ciudadanos y ciudadanas europeos, junto con la cualificación en tecnologías de la información y de la comunicación, la cultura tecnológica, el espíritu empresarial° y las habilidades para la socialización. A la vista de lo anterior,° no resulta extraño que ese mismo año se publique una decisión por la que se declara el 2001 como "Año europeo de las lenguas" (Decisión 1934/2000/CE de 17 de julio de 2000, DO L 232 de 14-9-2000). En este texto se alude al aprendizaje de lenguas —al que se atribuyen ventajas humanas, culturales, políticas y también económicas— como instrumento que ayuda a tomar conciencia de la diversidad cultural y contribuye a la erradicación de la xenofobia, el racismo, el antisemitismo y la intolerancia. La mejora del conocimiento de idiomas sigue presente en el *Informe de la Comisión Europea sobre los futuros objetivos precisos de los sistemas educativos y de formación* (COM 2001 59 final), incluyéndolo en el objetivo más general de abrir esos sistemas al mundo. En el programa de trabajo presentado al Consejo Europeo de Barcelona (15 y 16 de marzo de 2002) se recogen dos cuestiones clave: animar a toda persona a aprender dos o incluso

*Conclusiones de la Presidencia. Consejo Europeo de Lisboa, 23 y 24 de marzo de 2000, disponible en http://europa.eu.int/europeancouncil/conclusions/index.es.htm

are roughly synthesized

schoolage years

entrepreneurial spirit; in light of all of the above

más lenguas, además de la materna; y animar a los centros escolares y de formación a emplear metodologías que motiven al alumnado a seguir estudiando idiomas en etapas posteriores de su vida.

Concluiremos esta breve revisión de documentos con el plan de acción relativo a la promoción del aprendizaje de lenguas y de la diversidad lingüística establecido por la Comisión Europea para el bienio 2004–2006 (COM 2003 449 final, 24-7-2003*), que aborda en uno de sus apartados° la formación del profesorado. De conformidad con este texto, al profesorado de lenguas le corresponde desempeñar un papel crucial en la creación de una Europa multilingüe, estando llamado a ilustrar° valores europeos como la apertura hacia los otros, la aceptación de las diferencias y la disposición a comunicar. Para ello, necesita disponer de una adecuada experiencia en la utilización de la lengua extranjera y comprender la cultura asociada a ella. Entre las medidas a adoptar para favorecer esta meta, se apuntan las siguientes: (1) todo profesor o profesora de lenguas extranjeras debería haber efectuado una estancia prolongada en uno de los países donde se habla la lengua que enseña, así como poder actualizar sus conocimientos regularmente°; (2) aunque los estados miembros sigan siendo los responsables de su formación inicial y continua, la acción de éstos podría completarse con los programas comunitarios como Sócrates o Leonardo; (3) la formación inicial debería proporcionarle un conjunto de capacidades y técnicas prácticas mediante la formación en el aula.[5] Al mismo tiempo, debería poder actualizar sus capacidades lingüísticas y pedagógicas mediante el aprendizaje electrónico y a distancia; (4) se necesita favorecer los contactos entre profesionales y crear redes a nivel regional, nacional y europeo; (5) es necesario difundir entre estos profesionales los resultados de la investigación en el campo de la enseñanza de las lenguas extranjeras y las experiencias innovadoras, así como los ejemplos de buenas prácticas. Se necesita, además, prestar más atención al papel a desempeñar por los formadores del profesorado de lenguas e inspectores.

3. La dimensión intercultural en la enseñanza de las lenguas

En los últimos años los enfoques comunicativos han dominado —y siguen haciéndolo en buena medida— el panorama del aprendizaje de idiomas. Los defensores de una enseñanza más integrada de lengua y cultura suelen dirigir sus críticas hacia ellos, reprochándoles el haber privilegiado una concepción instrumental de la lengua —centrada en exclusiva en la adquisición de competencias lingüísticas— en detrimento de la dimen-

*Disponible en http://europa.euint/eur-lex/es/cnc/2003/com20030449eso1.pdf

[5]initial training should provide him or her with skills and practical techniques by means of classroom instruction

---

Margin glosses:

that treats in one of its sections

being called to model

regularly update his or her knowledge

sión cultural, que se habría visto reducida a un valor puramente anecdótico y no constituiría en sí misma un objetivo explícito del proceso de enseñanza-aprendizaje.

En la base de estas críticas, se encuentra una nueva concepción del hecho comunicativo que pone el acento en el papel de los individuos como actores sociales dotados de múltiples identidades —nacional, local, regional, profesional, etc.— y de un bagaje de conocimientos sobre el mundo y de aptitudes y destrezas que entran en juego en la comunicación. Según se recoge en el *Marco de referencia europeo para el aprendizaje, la enseñanza y la evaluación de las lenguas,* "La comunicación apela al ser humano en su totalidad... Como agente social, cada individuo establece relaciones con un amplio conjunto de grupos sociales superpuestos, que unidos definen la identidad" (Instituto Cervantes, 2002, p. 12). La lengua no sólo es parte de la cultura, sino también el vehículo fundamental a través del cual se expresan las prácticas culturales y creencias de los grupos sociales. De ahí que todo intercambio comunicativo lleve aparejada una dimensión cultural. Aunque el principal interés de la enseñanza de una lengua siga siendo la comunicación en esa lengua, ésta no se circunscribe a la cuestión práctica de la competencia lingüística, sino que abarca también la relación entre la lengua y las prácticas culturales y creencias de un grupo, ya que estas últimas también desempeñan un papel en las interacciones comunicativas.

Tradicionalmente, en los enfoques comunicativos el modelo a seguir a la hora de enseñar una lengua era el del hablante nativo. Se entendía que el objetivo a alcanzar por el alumnado era la adquisición de un grado de competencia lingüística que se aproximase lo más posible al que pudiese tener una persona originaria del país. Desde la perspectiva de una enseñanza integrada de lengua y cultura se cuestiona este modelo, pues aunque un hablante no nativo pudiese quizá alcanzar, a base de mucho esfuerzo, unas destrezas lingüísticas que le asemejasen al nativo, culturalmente nunca podría identificarse con él, ni tampoco es deseable que lo haga. En su lugar se apuesta por el hablante intercultural[6] (Byram, 1997; Byram y Risager, 1999; Byram y Zarate, 1997; Kramsch, 2001).

Como se especifica en el *Marco de referencia europeo* (Instituto Cervantes, 2002), el modelo del hablante nativo deja de ser válido cuando la finalidad perseguida es desarrollar en el alumnado una competencia plurilingüe y pluricultural. Esta última se define como "la capacidad de utilizar las lenguas para fines comunicativos y de participar en una relación intercultural en que una persona, en cuanto agente social, domina —con distinto grado— varias lenguas y posee experiencias de varias culturas" (p. 162). Esto no quiere decir que exista un conjunto de competencias diferenciadas que se superponen o se yuxtaponen,[7] sino que existe una única competencia compleja de la que el hablante se sirve en sus inter-

[6]in its place is proposed the intercultural speaker; [7]this is not to say that there exists a set of different skills that are superimposed and juxtaposed with each other

cambios comunicativos. Toda persona posee una competencia lingüístico-comunicativa única que se va ampliando progresivamente a lo largo de toda la vida, a medida que expande el círculo de sus contactos con la lengua. Del mismo modo, las distintas culturas a las que accede en el curso de su existencia (nacional, regional, social) van conformando una competencia pluricultural, uno de cuyos componentes —en interacción con todos los demás— es justamente la competencia plurilingüe. Un enfoque intercultural de la enseñanza de idiomas fija, como uno de sus objetivos fundamentales, promover el desarrollo armonioso de la personalidad del alumnado y de su sentimiento de identidad como respuesta a la enriquecedora experiencia que supone el encuentro con la alteridad° en los ámbitos de la lengua y de la cultura.

the otherness

Partiendo de las anteriores premisas, el *Marco* establece en su capítulo 5 una distinción entre dos grandes grupos de competencias que entrarían en juego en toda comunicación: competencias generales y competencias específicamente lingüísticas. Las competencias generales, donde se encuentran las que remiten de manera más directa a la dimensión intercultural,[8] se subdividen en cuatro subcompetencias: conocimiento declarativo o saber, destrezas y habilidades o saber hacer, competencia existencial o saber ser y, por último, saber aprender. De estas subcompetencias, son las dos primeras las que guardan un vínculo más estrecho° con la dimensión intercultural. Así, dentro del conocimiento declarativo o saber se incluyen el conocimiento del mundo o cultura general, el saber sociocultural y la toma de conciencia intercultural, mientras que las destrezas y habilidades interculturales corresponden al saber hacer. El conocimiento que el alumnado pueda tener del país o países donde se habla la lengua objeto de aprendizaje en lo que respecta a datos geográficos, demográficos, económicos y políticos entra dentro de su conocimiento del mundo. El saber sociocultural —entendido como el conocimiento de la sociedad y de la cultura de la comunidad o comunidades que hablan una lengua dada°— es también un aspecto del conocimiento del mundo, pero merece una atención especial, dado que frecuentemente no forma parte de las experiencias previas del alumnado y está deformado por estereotipos. La toma de conciencia intercultural, por su parte, se identifica con el conocimiento y la comprensión de las similitudes y diferencias existentes entre el propio universo cultural y el de la comunidad o comunidades objeto de estudio, incluyendo la toma de conciencia de la diversidad regional y social de ambos universos. Además del conocimiento objetivo, la conciencia intercultural engloba la toma de conciencia del modo en que cada comunidad es contemplada desde la óptica de los demás, frecuentemente caracterizada por los estereotipos. Por último, las destrezas y habilidades interculturales remiten a cuatro capacidades: la capacidad de establecer relaciones entre la cultura de origen y la extranjera; la sensibilidad cul-

that maintain the closest link

a given language

---

[8]where those are found that are most tightly connected to the intercultural dimension

tural y la capacidad de emplear estrategias variadas para establecer contacto con personas de otras culturas; la capacidad de desempeñar el papel de intermediario cultural entre la propia cultura y la extranjera y de resolver situaciones de conflicto y malentendidos culturales; y la capacidad para superar estereotipos.

Descartado el modelo del hablante nativo[9] por sus insuficiencias en el terreno cultural, la dimensión intercultural cifra su meta principal° en convertir a las personas que aprenden una lengua en hablantes o mediadores interculturales capaces de introducirse en un marco complejo y en un contexto de identidades múltiples, así como de evitar los estereotipos que acompañan generalmente la percepción del otro al asignarle una única identidad: "El 'hablante intercultural' es una persona que tiene conocimientos de una, o preferentemente de más, culturas e identidades sociales y que disfruta de la capacidad de descubrir y de relacionarse con gente nueva de otros entornos para los que no ha sido formado de forma intencional" (Byram y Fleming, 2001, p. 16). En el enfoque intercultural, el buen estudiante no es el que imita al nativo, sino el alumno que es consciente de sus propias identidades y culturas, de cómo los otros la perciben, y que conoce también las identidades y culturas de las personas con las que interactúa. De ahí que una enseñanza de las lenguas respetuosa con la dimensión intercultural deba contemplar, junto con el tradicional objetivo de adquirir la competencia lingüística necesaria para utilizar la lengua en cualquier comunicación oral o escrita según los códigos establecidos, un segundo objetivo más novedoso, desarrollar la competencia intercultural en la persona que aprende.

Byram y Risager (1999, p. 58) proponen una definición de la dimensión cultural en la enseñanza y aprendizaje de lenguas que incluye tres elementos interrelacionados. Dos de ellos conciernen al aprendizaje, mientras que el tercero afecta a la enseñanza. Así, la dimensión cultural se refiere a: (1) aquel aspecto de la competencia comunicativa que pone a la persona que aprende en contacto con el mundo cultural de un grupo particular de hablantes nativos y (2) la capacidad de reflexionar, de analizar la propia cultura desde una perspectiva externa y de comprender su relación con otras culturas con el fin de facilitar la comunicación. En consonancia con estos dos elementos, el papel de la persona que aprende es el de un mediador entre culturas y es la mediación la que permite una comunicación efectiva. El tercer elemento a que aludíamos, relativo a la enseñanza, tiene que ver también con la mediación, pero podría llamarse la "profesionalización" de la mediación, ya que apela a° la capacidad y responsabilidad del profesorado de lenguas de ayudar a quienes aprenden a comprender a los otros y la alteridad como base para la adquisición de una competencia comunicativa y cultural. El profesorado es, por consiguiente, un mediador profesional entre quienes aprenden y las lenguas y culturas extranjeras.

[9]discarding the model of the native speaker

De acuerdo con Byram, Gribkova y Starkey (2002), los componentes de la competencia intercultural a desarrollar por un hablante-mediador intercultural serían los siguientes:

- Los puntos de vista y perspectivas interculturales ("saber ser"): apertura, capacidad para revisar la propia desconfianza frente a otras culturas y la fe en la de uno mismo. Se trata de una voluntad de relativizar los propios valores, creencias y comportamientos, aceptando que no son los únicos posibles, y de aprender a considerarlos desde la perspectiva de una persona exterior, de alguien que tiene un conjunto de valores, creencias y comportamientos distintos.

- El conocimiento ("saberes"): conocimiento de los distintos grupos sociales, de sus productos y de sus prácticas, tanto en el propio país como en el del interlocutor; conocimiento de las interacciones generales entre sociedades e individuos.

- Las capacidades de comparación, de interpretación y de establecer relaciones ("saber comprender"): capacidad general para interpretar un documento o un acontecimiento vinculado a otra cultura, para explicarlo y ponerlo en relación con documentos o vinculados a su propia cultura.

- Las capacidades de descubrimiento y de interacción ("saber aprender y hacer"): capacidad para adquirir nuevos conocimientos sobre una cultura y unas prácticas culturales dadas, así como para manejar conocimientos, puntos de vista y capacidades sometiéndose a las normas de la comunicación y de la interacción en tiempo real.

- La visión crítica en el plano cultural ("saber comprometerse"): capacidad para evaluar, de manera crítica, los puntos de vista, prácticas y productos del propio país y de las otras naciones y culturas.

Es evidente que el proceso de adquisición de una competencia intercultural no puede darse nunca por concluido° y que ésta no tiene que ser perfecta para permitir una comunicación satisfactoria, ya que las identidades y valores sociales de los individuos no son algo fijo e inmutable, sino que se van modificando de manera continua a lo largo de la vida, a medida que se entra en contacto con nuevos grupos.

De los componentes de la competencia intercultural merece la pena detenerse en el último, la visión crítica en el plano cultural. Byram (1997, pp. 63–64) insiste en la importancia de desarrollar en el alumnado una conciencia cultural crítica. Según hemos visto anteriormente, se trataría de capacitar a este último para evaluar de manera crítica y sobre la base de criterios precisos las perspectivas, las prácticas y los productos de la propia cultura y de la de otros países. Este ejercicio requiere desarrollar una capacidad para: (1) identificar e interpretar los valores explícitos o implícitos de los documentos y acontecimientos de la propia cultura y de

can never be
considered
complete

otras, utilizando aproximaciones analíticas que permitan situar un documento o acontecimiento en su contexto y tomar conciencia de su dimensión ideológica; (2) proceder a una evaluación de los documentos y acontecimientos adoptando una perspectiva clara, basándose para ello en criterios precisos como los derechos humanos, la democracia liberal, la religión o la ideología política; y (3) actuar en calidad de mediador en los intercambios culturales, siendo consciente del conflicto que puede crearse entre las posiciones ideológicas propias y las de los otros y tratando de encontrar criterios comunes. Para Starkey (2003), el desarrollo de esta conciencia debería iniciarse desde el momento en que se comienza a aprender una lengua y continuar durante todo el proceso de aprendizaje, lo que conllevaría importantes consecuencias[10] para las escuelas. En su opinión, el marco de referencia para establecer comparaciones entre los comportamientos, prácticas e instituciones de la cultura del alumnado y la extranjera podría venir dado por el conocimiento y comprensión de los derechos humanos.

Bibliografía

Buttjes, D. y Byram, M. (Eds.) (1991): *Mediating Languages and Cultures*. Clevedon. Multilingual Matters.

Byram, M. (1997): *Teaching and Assessing Intercultural Communicative Competence*. Clevedon. Multilingual Matters.

Byram, Michael (2003): "Teacher education—visions from/in Europe". Babylonia, 3–4, pp. 7–10. Consultado el 10-4-2004 en www.babylonia-ti.ch/BABY3_403/PDF/byr.pdf.

Byram, M.; Gribkova, B. y Starkey, H. (2002): *Développer la dimension interculturelle de l'enseignement des langues. Une introduction à l'usage des enseignants*. Strasbourg. Conseil de l'Europe.

Byram, M. y Risager, K. (1999): *Language Teachers, Politics and Cultures*. Clevedon. Multilingual Matters.

Byram, M. y Fleming, M. (2001): *Perspectivas interculturales en el aprendizaje de idiomas. Enfoques a través del teatro y la etnografía*. Madrid. Cambridge University Press.

Byram, M. y Zarate, G. (1997): "Définitions, objectifs et évaluation de la compétence socioculturelle". En M. Byram, G. Zarate y G. Neuner: *La compétence socioculturelle dans l'apprentissage et l'enseignement des langues*. Strasbourg. Conseil de l'Europe, pp. 7–36.

Comisión europea (1993): *Libro verde sobre la dimensión europea de la educación*. Luxemburgo. Oficina de publicaciones de las Comunidades Europeas.

Comisión europea (1995): *Libro blanco sobre la educación y la formación. Enseñar y aprender. Hacia la sociedad del conocimiento*. Luxemburgo. Oficina de publicaciones de las Comunidades Europeas.

Comisión europea (1999): *Unión Europea. Recopilación de los Tratados. Tomo I, Vol I*. Luxemburgo. Oficina de publicaciones oficiales de las Comunidades Europeas.

---

[10]which would lead to important consequences

Eurydice (2001): *La enseñanza de las Lenguas Extranjeras en el contexto escolar europeo*. Madrid. MECD. Secretaría General de Educación y Formación Profesional. CIDE.

Instituto Cervantes (2002): *Marco de referencia europeo para el aprendizaje, la enseñanza y la evaluación de lenguas*. Madrid. Instituto Cervantes. Versión electrónica en http://cvc.cervantes.es/obref/marco, traducción y adaptación española del *Common European Framework of Reference for Languages: Learning, Teaching, Assessment*. Council of Europe, 2001.

Kramsch, C. (1993): *Context and Culture in Language Teaching*. Oxford. Oxford University Press.

Kramsch, C. (2001): "El privilegio del hablante intercultural". En M. Byram y M. Fleming: *Perspectivas interculturales en el aprendizaje de idiomas. Enfoques a través del teatro y la etnografía*. Madrid. Cambridge University Press, pp. 23–37.

Sercu, L. (2001): "Formación de profesores en ejercicio y adquisición de competencia intercultural". En M. Byram y M. Fleming: *Perspectivas interculturales en el aprendizaje de idiomas. Enfoques a través del teatro y la etnografía*. Madrid. Cambridge University Press, pp. 254–286.

Starkey, H. (2003): "Compétence interculturelle et éducation à la citoyenneté démocratique: incidences sur la méthodologie d'enseignement des langues". En M. BYRAM (Coord.): *La compétence interculturelle*. Strasbourg. Conseil de l'Europe, pp. 67–88.

Zarate (1986): *Enseigner une culture étrangère*. Paris. Hachette.

5.11 Después de leer   Conteste las siguientes preguntas individualmente, basándose en le lectura que acaba de hacer.

1. ¿En qué consiste la dimensión intercultural de la enseñanza de lenguas? ¿Qué se logra con ello?

2. ¿Cuál es la postura del Consejo de Europa y de la Unión Europea con respecto al plurilingüismo?

3. Mencione algunos postulados relacionados con la educación de lenguas que se incluyen en el *Libro blanco*.

4. Según las conclusiones del Consejo de Lisboa, ¿qué competencias deben tener todos los europeos?

5. ¿Qué papel desempeña el profesorado de lenguas en la creación de una Europa plurilingüe? ¿Qué características debe poseer ese profesorado?

6. ¿Qué ventajas tiene el estudio de lenguas?

7. ¿En qué consiste seguir el modelo del hablante nativo? ¿Por qué el enfoque intercultural cuestiona ese modelo?

8. ¿Qué es un hablante intercultural?

5.12 Análisis de composición escrita Responda a las siguientes preguntas de análisis sobre la lectura que acaba de hacer. Puede trabajar individualmente o en grupo, según le indique su instructor(a).

1. ¿Cuáles son los propósitos de esta exposición? ¿Dónde se exponen?

2. ¿Qué opina usted sobre la estructura de este ensayo?

3. ¿Qué técnicas y recursos utiliza la autora en esta exposición? ¿Son efectivos?

4. ¿Cree usted que la interculturalidad debería ser una de las metas de la educación en general en los Estados Unidos? Si ha contestado afirmativamente, ¿cómo cree que se debería de lograr? Si ha contestado negativamente, explique por qué.

5. ¿Cuál es su opinión con respecto a las metodologías que deberían utilizarse en la enseñanza de lenguas en las escuelas y los colegios y las universidades? ¿Deberían ser las mismas? ¿Deberían ser diferentes? ¿Por qué y cómo?

Diario de reflexiones

Escriba en su diario por diez minutos sobre su reacción al tema de la importancia de la cultura en la adquisición de una segunda lengua. Puede escribir sobre su experiencia estudiando la cultura en las clases de español, sobre sus estudios de cultura en otras disciplinas como el inglés o la historia o sobre cualquier otra cosa que se le ocurra relacionada con el tema de esta lectura. No escriba su diario en un procesador de palabras sino a mano, en su cuaderno. No busque palabras en el diccionario. Si no conoce una palabra, intente pensar en otra equivalente o simplemente escriba la palabra en inglés. Tampoco se preocupe mucho por la gramática. Sea tan correcto como pueda, pero no se detenga a consultar reglas gramaticales. Escriba todo lo que pueda en diez minutos. Sea generoso con sus ideas y con su lenguaje.

FRENTE A LA COMPOSICIÓN ORAL

Preparar el escenario

Aaron Relgeits, un estudiante de composición española grabó la siguiente entrevista de su profesora de español. Aaron investigaba las estrategias y las filosofías pedagógicas que su profesora empleaba en sus clases. Después de hacer la entrevista, Aaron presentó su investigación y sus conclusiones en el ensayo que ya corrigió en la sección **Corrección de errores.**

5.13 Antes de escuchar   Comente en grupos pequeños las preguntas a continuación.

1. ¿Cuál fue la parte más difícil de su entrevista con los dos profesores o maestros? ¿Lo recibieron los profesores cordialmente? ¿Pudo hacer todas las preguntas que preparó usted? ¿De qué manera haría la entrevista diferente si tuviera la oportunidad de hacerla de nuevo?

2. ¿Hizo una entrevista en español? ¿Por qué sí o no? Si hizo una entrevista en español, ¿tuvo problemas lingüísticos? ¿Cuáles fueron? Si no hizo una entrevista en español, ¿pudiera haberla hecho en español? ¿Por qué sí o por qué no?

3. Si usted fuera profesor o maestro de español, ¿cómo enseñaría? ¿Enseñaría diferente a su profesor? ¿Cómo?

4. ¿Ya estudió usted en un país de habla hispana? ¿Está pensando en estudiar en otro país durante su carrera académica? ¿Dónde? ¿Cuándo? ¿Qué espera aprender durante esa experiencia? ¿Qué ha aprendido en viajes pasados a otros países? ¿Hay limitaciones en la experiencia de estudiar en otro país? ¿Cuáles son?

5. ¿Cuáles recomendaciones le daría usted a un estudiante universitario de primer año sobre cómo lograr éxito académico? ¿Cuáles son sus secretos para salir bien en sus clases? ¿Funcionarían sus estrategias para todos?

5.14 Después de escuchar Conteste las siguientes preguntas individualmente, basándose en la entrevista que acaba de escuchar.

1. ¿Cuáles palabras usa la profesora Mejías para responder a Aaron cuando éste le agradece su tiempo dedicado a la entrevista?

2. ¿Cuál cree la profesora Mejías que es la parte más importante de enseñar una segunda lengua?

3. ¿Cómo reacciona Aaron cuando su profesora identifica lo que ella considera la parte más importante de enseñar una segunda lengua?

4. ¿Por qué piensa la profesora Mejías que las preguntas que hace Aaron son difíciles?

5. ¿Es la profesora Mejías una racionalista o una ambientalista en su filosofía hacia la adquisición de una segunda lengua?

6. Según la profesora Mejías, ¿cuál es la única manera de aprender una segunda lengua con cierto dominio?

7. ¿Qué dice Aaron que tal vez no sea necesario para aprender una segunda lengua?

8. ¿Qué problema parece que tiene la profesora Mejías con los estudiantes que viajan durante el receso de primavera?

9. ¿Cuál es la última pregunta que le hace Aaron a su profesora?

10. En total, ¿cuántas preguntas le hace Aaron a la profesora Mejías?

5.15 Análisis de composición oral Responda a las siguientes preguntas de análisis sobre el texto que acaba de escuchar. Puede trabajar individualmente o en grupos, según le indique su instructor(a).

1. ¿Cómo criticaría usted la entrevista que le hace Aaron a su profesora? ¿Le gustaron sus preguntas? ¿Qué otras preguntas pudiera o debiera haber hecho?

2. ¿Cómo contestaría usted la pregunta de Aaron sobre los racionalistas y los ambientalistas? ¿Cuál cree usted que explica mejor la realidad de la adquisición de una segunda lengua?

3. Lea de nuevo el ensayo de la sección **Corrección de errores** y critique el trabajo que hizo Aaron al convertir la entrevista en un ensayo. ¿Hizo un buen trabajo? ¿Incluyó toda la información? ¿Representó honestamente las opiniones de la profesora Mejías?

4. ¿Qué piensa usted de los comentarios de la profesora Mejías sobre el *spring break?* ¿Hay algún valor cultural o lingüístico en ir a Cancún durante el receso de primavera con un grupo de amigos? ¿Los estudiantes universitarios representan bien a los Estados Unidos cuando van a México, a la República Dominicana o a Puerto Rico durante el receso de primavera?

5. ¿Está usted de acuerdo con la profesora Mejías sobre que para tener éxito un estudiante sólo necesita hacer "un intento serio y sincero"? ¿Cuál ha sido su experiencia? ¿Es cierto en todas las disciplinas académicas? ¿en algunas pero no en todas?

Diario de reflexiones

Escriba en su diario por diez minutos sobre su reacción al tema de la pedagogía de sus profesores. Puede escribir sobre un maestro de español favorito que ha tenido, sobre un profesor en cualquier disciplina que lo haya inspirado, sobre sus ideas sobre la educación en los Estados Unidos en general o sobre cualquier otra cosa que se le ocurra relacionada con el tema de esta lectura. No escriba su diario en un procesador de palabras sino a mano, en su cuaderno. No busque palabras en el diccionario. Si no conoce una palabra, intente pensar en otra equivalente o simplemente escriba la palabra en inglés. Tampoco se preocupe mucho por la gramática. Sea tan correcto como pueda, pero no se detenga a consultar reglas gramaticales. Escriba todo lo que pueda en diez minutos. Sea generoso con sus ideas y con su lenguaje.

CAPÍTULO SEIS

El español y el mundo profesional

En este capítulo usted va a leer sobre el tipo de composición llamado la argumentación y sobre la importancia del español en el mundo profesional. Aprenderá algunas características que distinguen una composición argumentativa. También leerá sobre la importancia que el estudio del español ha cobrado en varias partes del mundo. Al final, escribirá una composición argumentativa sobre la importancia de la estadía lingüística en el currículo universitario.

Criterios de NCATE

Los criterios cuatro y cinco les competen exclusivamente a los candidatos a maestros de español. El criterio cuatro dice que un futuro maestro demuestra que puede incorporar los primeros tres criterios en las lecciones que planea para la clase. El criterio cinco describe cómo un futuro maestro debe saber incorporar los primeros tres criterios cuando evalúa el trabajo de sus estudiantes (por ejemplo en exámenes y pruebas). Ya que éstos son criterios bastante específicos para los estudiantes de educación, no les vamos a dedicar más tiempo. Los estudiantes de educación deberán buscar más información sobre estos criterios.

El sexto y último criterio, sin embargo, se aplica a todos. En breve, identifica al estudiante con buen dominio del español como aquel que está desarrollándose profesionalmente en su aprendizaje de la lengua. En otras palabras, si usted es estudiante de administración de empresas además de español, debería estar incorporando su español y sus estudios del mundo hispanohablante en su carrera en los negocios. Si es estudiante de enfermería, debería estar pensando en las implicaciones de su conocimiento del español en su futura práctica de enfermería. En sus planes profesionales, ¿qué más necesita aprender usted sobre el español y el mundo hispanohablante que todavía no sabe? ¿Cómo va a aprender esa información? ¿Hay certificaciones especiales en su profesión futura que usted pueda solicitar para identificarse como un profesional bilingüe o bicultural? Cuando usted llegue a dominar el español, ¿pensará en su vida profesional desde la perspectiva de su conocimiento del español?

Finalmente, además de la relación del español con su identidad profesional, si usted es un estudiante con dominio del español reconocerá y podrá expresarles a otros el valor y la importancia del conocimiento del español para cualquier persona en cualquier profesión. ¿Sabe usted cuáles son los beneficios de saber español al desempeñar diferentes profesiones? ¿Puede usted comunicarles ese valor a sus amigos que se preparan para ejercer diferentes profesiones?

FRENTE A LA DISCIPLINA

Léxico temático

la administración *management*

a lo mejor *probably*

atender *to attend to; to pay attention to*

las barreras *barriers*

el cajero automático *automatic teller machine (ATM)*

los convenios *agreements*

estimar *to estimate*

la globalización *globalization*

la herramienta *tool*

invertir *to invest*

la jerga *jargon*

el libre comercio *free trade*

maldecir *to curse*

la mercadotecnia *marketing*

los recursos *resources*

subscribirse *to join; to subscribe to*

las ventas *sales*

6.1 Ejercicio léxico Escriba frases originales utilizando las nuevas palabras de vocabulario a continuación.

1. las barreras
2. subscribirse
3. la mercadotecnia
4. atender
5. los recursos
6. la jerga

6.2 Más práctica léxica Rellene los espacios en blanco con la palabra apropiada de la lista anterior.

La globalización económica es una realidad del siglo XXI. Las _____ (1) de muchas empresas multinacionales tienen interés en _____ (2) siempre más dinero en las economías de otros países. Para facilitar este proceso, muchas naciones han firmado _____ (3) que hacen más fácil el intercambio de _____ (4) y servicios entre sus países. Algunos expertos _____ (5) que las economías locales y regionales dentro de naciones tendrán que cambiar de manera profunda para adaptarse a la realidad del _____ (6) entre naciones. Los profesionales en _____ (7) tienen un interés especial en el efecto de estos cambios en la economía global en cuanto a lo que se refiere a la venta de productos a clientes. Es fácil ver la influencia de las estrategias de la _____ (8) internacional en el banco local en la esquina de cualquier pueblo en los Estados Unidos donde el _____ (9) ofrece sus servicios tanto en español como en inglés.

6.3 Antes de leer Discuta estas preguntas primero en pequeños grupos y, luego, con toda la clase.

1. ¿Sabe usted qué es una lengua franca? ¿Cuál lengua piensa que se habla más en el mundo que cualquier otra? ¿Cuál lengua cree que está en segundo lugar? ¿tercer lugar? ¿cuarto?

2. ¿Sabe cuáles han sido otras lenguas que antes del inglés se utilizaban para las relaciones internacionales? ¿en el siglo XVIII–XIX? ¿en el tiempo de Cristo? ¿Qué ha propiciado los cambios a través del tiempo en cuanto a la lengua dominante internacionalmente?

3. ¿Cree usted que el español podría convertirse en la próxima lengua franca? ¿Por qué sí o por qué no? En su opinión, ¿cuáles son los requisitos que debe tener una lengua para convertirse en una lengua internacional?

4. ¿Qué sabe usted sobre convenios comerciales que han involucrado a los países latinoamericanos? ¿Cuáles son los beneficios del libre comercio entre países? ¿Hay desventajas en el sistema de libre comercio?

5. Es muy probable que usted conozca, al menos, una persona que habla dos o más idiomas. ¿Cree usted que esas personas tienen el mismo nivel de dominio en esos idiomas? ¿Cree que es posible dominar de igual manera más de una lengua? ¿Por qué?

ESTRATEGIAS de lectura

Textos con vocabulario técnico

Cuando usted lee textos sobre algún campo profesional, comúnmente encuentra vocabulario de índole distinta a la que encuentra en lecturas literarias, históricas o académicas. Cada profesión suele tener su propio lenguaje técnico, exclusivo sólo para la profesión. Los términos que se utilizan con frecuencia en las finanzas son diferentes a los que se utilizan en servicios sociales o en profesiones policíacas o legales o en la administración de empresas o el mercadeo. Si usted necesita leer un documento con un lenguaje especializado que no conoce bien, necesitará prestarle atención particular al uso de los cognados. Muchos términos técnicos tienen raíces del latín y son parecidos en inglés y en español. Si tiene problemas en comprender un texto profesional, no olvide que puede ser porque usted no conoce bien el vocabulario técnico de esa profesión y no porque no lee bien en español.

El español y el mundo profesional

Para pensar, para hablar, para escribir, para leer, para amar, para maldecir y para llevar a cabo un sinnúmero de otras acciones como tratar sobre negocios, muchas veces la gente prefiere hacerlo en su primera lengua. Tal es el caso de Dante Alighieri. Dante dominaba muy bien el latín, el idioma de prestigio y la lengua oficial del imperio romano. Sin embargo, para escribir su obra maestra, la *Divina comedia,* Dante prefirió utilizar el toscano, lengua matriz° del italiano de hoy en día. Dante pensaba que su lengua expresaba mejor sus vivencias° y que contaba con lo necesario para ser una lengua literaria.

mother tongue
lived experiences

Ahora, imagínese que usted está en un país extranjero y que habla como segunda lengua la lengua oficial de ese país. Imagínese también allí tratando de comprar su primera casa y haciendo las gestiones° con instituciones financieras para que le aprueben un préstamo hipotecario.° Usted se siente confundido porque el proceso es complicado y lleno de tecnicismos. Aunque tal vez usted tuviera un dominio avanzando de la lengua del país, de todas maneras, si le dieran la opción de llevar a cabo todas esas transacciones en su lengua materna, a lo mejor usted aceptaría. Lo mismo hizo Dante y lo mismo hacen muchos extranjeros: ya sea por orgullo nacional, por mayor dominio lingüístico o simplemente por gusto, todo lo que sea posible, prefieren hacerlo en su primera lengua.

going through
the process;
mortgage loan

La anterior es una razón por la cual la enseñanza de lenguas es un negocio explosivo hoy en día. Muchos negocios, agencias gubernamentales y políticos se han dado cuenta de que saber un idioma es un recurso económico que les permite alcanzar más votantes o más clientes. Saber lenguas también aumenta las posibilidades de encontrar trabajo y de crecer una vez que se obtenga uno. Hay incentivos para los que llevan a su trabajo el conocimiento de una segunda lengua. Saber idiomas, por otro lado, es una herramienta indispensable en la meta de lograr la seguridad nacional y el entendimiento entre las naciones. A tono con esto,° y frente a la necesidad de profesionales capacitados° que atiendan las demandas de información, bienes y servicios de clientes locales e internacionales, los centros de enseñanza de lenguas han reconocido la necesidad de preparar profesionales que no sólo tengan competencias lingüísticas y culturales para reaccionar adecuadamente, sino que también tengan conocimiento de la jerga de sus campos profesionales. De esa manera, podrán comunicarse efectivamente con clientes con variados dominios de sus registros. Los ofrecimientos de cursos de lenguas para fines específicos° es la tendencia hoy día. Se ofrecen cursos para la industria del turismo, para los profesionales de la salud, para los militares y para los negocios, entre otros. La demanda de cursos de

for this reason;
trained
professionals

special purposes

español para fines específicos es mayor que la de otros idiomas. El español se ha convertido en una lengua internacional con gran valor económico.

El español es la lengua oficial de 21 países del mundo; como lengua oficial, está dispersa por tres continentes: América, Europa y África. Es la quinta lengua con mayor presencia en la red, después del inglés, el japonés, el alemán y el chino. Cuenta con aproximadamente 400 millones de hablantes, lo que constituye alrededor del 8.9% de la población mundial. El español es una lengua cuya gramática y fonética son muy fijas, estables y claras. Aunque tiene abundancia de variaciones léxicas, no corre el peligro de la fragmentación. Es la cuarta lengua más dispersa por el mundo. Además, entre 42 y 43 millones de esos hablantes se encuentran en los Estados Unidos, lugar donde, después de México y España, reside la mayor cantidad de personas que hablan español.

En los Estados Unidos, los hispanohablantes se han convertido en un mercado importante cada vez con mayor poder adquisitivo. La mitad de ellos son bilingües; la otra mitad sólo habla español o se siente más cómodo hablándolo. Se estima que para el año 2050, el 25% de la población de los Estados Unidos será de origen hispanohablante. Todo sugiere que su presencia e influencia en todos los renglones de la sociedad° será cada vez más notable. Y puesto que la tendencia es que la asimilación total de los inmigrantes ocurre a partir de la tercera generación, será conveniente que los Estados Unidos y el mundo en general que está descubriendo al mundo hispanohablante como mercado para invertir se sigan preparando para satisfacer su demanda de información, bienes y servicios. Si se quiere llegar hasta ese mercado, se necesita estar preparado para hacerlo en su idioma. Esta realidad ha sido reconocida por *USA Today*, que señaló que para no quedarse rezagado° en los Estados Unidos, hay que aprender español.

En los Estados Unidos, el español es la lengua extranjera de mayor demanda en los centros de estudio a todos los niveles. Ha desplazado al francés; la demanda del español es cuatro veces mayor que la del francés. Este fenómeno se repite en otros lugares. Dentro de la Unión Europea, después del inglés, el español también es la lengua que se estudia más en Francia y Alemania, dos países con presencias importantes en la distribución de poder a nivel mundial. Es la quinta lengua más estudiada en Japón. En Brasil, en el 2000, el Congreso Nacional aprobó la enseñanza obligatoria del español en las escuelas secundarias públicas dado que en varios centros privados de enseñanza ya se ofrecía desde hacía mucho tiempo. Además de que lo latino se ha puesto de moda —y de que en todos lados se escuchan canciones y ritmos latinos, se comen burritos y enchiladas y se leen libros por escritores con raíces latinas— hay otras razones para explicar la demanda del español en todos los ámbitos geográficos.

all levels of society

to not be left behind

Como ya se expresó, el flujo de hispanohablantes sobre todo hacia los Estados Unidos y su también creciente poder adquisitivo son dos razones poderosas para que se los tome en cuenta° y se quiera llegar hasta donde ellos. Otra razón que afecta la demanda de todas las lenguas, en general, es la globalización, la cual ha puesto en contacto cada rincón del mundo y ha creado una avalancha de demanda de bienes y servicios que, como estrategia comercial, convendría que pudieran ser provistos° en la lengua del consumidor o del colega.

La globalización ha propiciado° una serie de convenios científicos, tecnológicos y, por supuesto, comerciales entre las naciones del mundo. Los Estados Unidos, por ejemplo, se ha subscrito al TLC[1] (Tratado de Libre Comercio), el cual muy recientemente se extendió hacia otros países de Hispanoamérica. El ALCA[2] (Acuerdo de Libre Comercio de las Américas) fue aprobado por el Congreso de los Estados Unidos con 217 votos a favor y 215 en contra, para implementar acuerdos de libre comercio con América Central y la República Dominicana. Estos acuerdos reducirán las barreras económicas entre los Estados Unidos, Costa Rica, El Salvador, Guatemala, La República Dominicana, Honduras y Nicaragua. Otro de los tratados importantes es el MERCOSUR (Mercado Común del Sur), al cual se suscribieron varios países del Cono Sur, específicamente, Argentina, Brasil, Paraguay y Uruguay. En la era de la información, la globalización también ha traído como consecuencia la proliferación de *e-business* y de compañías multinacionales.

En fin, la globalización ha intensificado las relaciones entre los países, y básicamente es el principal responsable de todas las nuevas tendencias que afectan las economías tanto a nivel regional como internacional. Ha generado una progresiva demanda de profesionales, especialmente en las áreas de ventas, servicios al cliente, turismo, educación, mercadotecnia, administración y traducción, entre otros. Como ya se explicó, los profesionales que se desempeñan en esas áreas no sólo deben hablar la lengua del consumidor, sino también conocer el vocabulario de su campo profesional específico. Esto nos remite otra vez a la necesidad de los cursos de lenguas para fines específicos y a la creciente demanda de cursos en español.

Se sabe con certeza que el español no desplazará al inglés, la lengua franca de hoy en día y la segunda, después del chino, con más hablantes en el mundo. Sin embargo, a todas luces, se observa su pujanza y creciente importancia en todos los mercados del mundo. Aquí, en los Estados Unidos, usted puede notar su presencia, por ejemplo, cuando va a sacar dinero de un cajero automático. La máquina le dará la opción de llevar a cabo la transacción en inglés o en español. Quizás con el pasar

---

[1]NAFTA: *North American Free Trade Agreement;* [2]CAFTA: *Central American Free Trade Agreement*

to take them into account

it would be befitting to be able to provide; resulted in

del tiempo, lo mismo ocurra en otros países del mundo donde el español no es una de las lenguas oficiales, pero sí tiene una presencia o importancia notable en las esferas locales o internacionales. El cliente siempre tiene la razón y si la gran mayoría prefiere que se le hable en un idioma que conoce mejor, habrá que complacerlo. Esto lo tendrán que hacer, por ejemplo, los maestros que en sus salones de clases reciben estudiantes con pocas competencias comunicativas en inglés. También lo tendrá que hacer el hombre o la mujer de negocios que necesite entablar diálogo° con otros colegas en otros países. También lo tendrá que hacer el estudiante que quiera tener más y mejores oportunidades en el competitivo mundo de hoy en día.

to have a dialogue

6.4 Después de leer   Conteste las siguientes preguntas individualmente, basándose en le lectura que acaba de hacer.

1. ¿Por qué Dante prefirió escribir la *Divina comedia* en su lengua nativa?

2. ¿Cuál es la tendencia en la enseñanza de lenguas hoy en día en los centros de estudios de lenguas?

3. ¿Cuántos países reconocen el español como la lengua oficial?

4. ¿Qué porcentaje de la población mundial habla español?

5. ¿Cuáles son los tres países con la mayor población de habla hispana?

6. Para el año 2050, ¿qué porcentaje de la población de los Estados Unidos se estima que será de herencia étnica hispana?

7. ¿Qué es el TLC? ¿y el ALCA? ¿Qué importancia tienen para la trascendencia del español como lengua internacional de comercio?

8. Según el texto, ¿en qué ocupaciones, por causa de la globalización, se necesitan profesionales con conocimiento de español?

9. ¿Cuál español cree que debe enseñarse en la escuela: el peninsular o el hispanoamericano? ¿Por qué?

Diario de reflexiones

Escriba en su diario por diez minutos sobre su reacción al tema del español y el mundo profesional. Puede escribir sobre su experiencia usando el español en un trabajo, sobre sus ideas sobre cómo quiere usar el español en su carrera en el futuro o sobre cualquier otra cosa que se le ocurra relacionada con el tema de esta lectura. No escriba su diario en un procesador de palabras sino a mano, en su cuaderno. No busque palabras en el diccionario. Si no conoce una palabra, intente pensar en otra equivalente o simplemente escriba la palabra en inglés. Tampoco se preocupe mucho por la gramática. Sea tan correcto como pueda, pero no se detenga a consultar reglas gramaticales. Escriba todo lo que pueda en diez minutos. Sea generoso con sus ideas y con su lenguaje.

COMPOSICIÓN: LA ARGUMENTACIÓN

Introducción

La argumentación tiene muchos puntos de contacto con la exposición. De hecho, es una exposición y algo más. Más allá de proveer información y de analizarla, el propósito principal de toda argumentación es persuadir o convencer.

El uso de la argumentación no se limita sólo al contexto académico; es parte de la vida diaria. Por ejemplo, a diario somos bombardeados por anuncios publicitarios en los autobuses, en la televisión, en los aviones, en el periódico, etc. Todo parece estar cubierto con anuncios que desean persuadirnos a comprar algo o a utilizar algún servicio. Por otro lado, cuando usted habla con sus padres, con su esposo o esposa o con un jefe al trabajo y les pide que le permitan hacer algo, más que informarles sobre lo que es, a toda costa usted intenta convencerlos de que lo que usted quiere es bueno o lo que conviene.

La argumentación académica tiene el mismo propósito. Es un diálogo con el lector a través del cual el emisor del mensaje quiere hacerle entender al lector, el destinatario del mensaje, su postura con respecto a algo o transformar su opinión o su manera de actuar. Estas argumentaciones académicas usualmente son más formales y necesitan planificación y revisión. Se utilizan en todas las disciplinas y en la del estudio de lenguas y literatura abundan en la escritura de artículos de crítica. Cuando se le pide a un estudiante que haga un trabajo de investigación para una clase de literatura, la mayor parte de las veces lo que se le pide es que produzca un texto de argumentación literaria donde estudiará un tema y proveerá evidencia que demuestre que su postura ante el tema seleccionado es correcta y válida.

Si usted quiere escribir una argumentación, lo primero que tiene que hacer es definir el tema. También debe definir la audiencia porque esto le indicará qué tipo de información será necesaria para convencerla. Usted debe asumir que la audiencia sabe algo sobre el tema y que usted necesitará información sólida para presentársela. Sin embargo, no debe dar por sentado que la audiencia sabe todo sobre el tema ni que lo ha estudiado desde todos los ángulos. Lo que sigue es buscar información y leerla críticamente. Mientras usted la lee, la evaluará y tratará de contestar preguntas tales como ¿cuál es la agenda de este escritor? y ¿defiende adecuadamente su tesis? Seguir este procedimiento lo ayudará a convertirse en un lector crítico.

Cuando usted haya leído más sobre el tema, debe desarrollar su punto de vista en forma de una tesis debatible que guiará el desarrollo del tema. Para tener una argumentación sólida, convendría también que usted tratara de anticipar las objeciones que pudiera tener el lector ante sus argumentos y que proveyera información que las contraatacara. Un ejemplo de una tesis débil sobre la famosa escritora puertorriqueña, Rosario Ferré, sería "Rosario Ferré es una gran escritora". Esa tesis es informativa y no tiene nada de original. Un lector crítico podría reaccionar de la siguiente manera: "¿Pero qué es que lo que quiere probar este escritor? Parece que sólo va a resumir lo que han dicho otros escritores". Por otro lado, una tesis más sólida sería algo como "El cuento fantástico 'La muñeca menor' de Rosario Ferré tiene muchos puntos de contacto con el cuento también fantástico 'La isla al mediodía' de Julio Cortázar". En esta tesis se presenta el tema y también un punto de vista con respecto al mismo. Es mucho más interesante que la anterior.

Su tesis debe probarse con evidencia consistente en forma de, por ejemplo, citas de autoridades, paráfrasis, ejemplos, estadísticas y cifras, entre otros recursos. La parte donde usted incluye la evidencia no debe ser sólo una acumulación de datos; tiene que establecer conexiones entre esos datos y comentarlos y presentarlos siguiendo un orden efectivo.

Hacer un bosquejo, en este punto del proceso, sería muy útil. Conocer a su lector o su público también lo ayudaría a tener en cuenta su actitud ante el tema y a decidir si debe organizar la información deducti-vamente (de lo general a lo concreto), inductivamente (de lo particular a lo general) o yendo de lo más aceptado a lo más polémico o viceversa, o si debe utilizar alguna técnica como la comparación y el contraste o la causa y el efecto.

La técnica de la comparación y el contraste es útil cuando se quiere establecer un paralelo entre su opinión y la contraria para contrastarla y poner de relieve el valor de la suya. La técnica de la causa y el efecto se presta cuando se quiere presentar la tesis como un problema al cual usted le quiere ofrecer una solución.

Sería mejor que usted incluyera uno o dos argumentos sólidos antes que varios débiles o superficiales. Cada evidencia o argumento se debe explicar en un párrafo por separado, al igual que sucede en un texto ex-positivo. Estos párrafos no deben ser muy breves ni muy extensos, y cada uno debe tener, más o menos, la misma extensión. En caso de que usted tenga mucha información que presentar, claro que debe escribir más de un párrafo para discutir cada evidencia. Esta evidencia también puede presentarse como información contraria a su postura, información que luego usted desmentirá y que le dará más validez a la tesis. Esta informa-ción tendrá el propósito de indicar que usted formuló su tesis de manera concienzuda, luego de haber considerado los puntos a su favor y en su contra.

La última parte del proceso de planificación de una argumentación académica es pensar en las conclusiones. En esta parte, al igual que en un ensayo expositivo, se resumen los puntos principales y se repite la tesis formulándola de manera distinta para evitar que sea una copia exacta de lo antes dicho. A veces el escritor puntualiza las repercusiones de su trabajo. Otras, también da sugerencias sobre otros posibles trabajos, otras perspectivas que también pueden estudiarse con el propósito de ampliar el conocimiento sobre el tema.

6.5 Ejercicio de comprensión Luego de leer la información sobre la argumentación, conteste las siguientes preguntas.

1. ¿Cuál es la estructura de un ensayo argumentativo? ¿Cuántas partes hay en la estructura?

2. ¿Cuáles son algunas semejanzas y diferencias entre una exposición y una argumentación?

3. ¿Por qué es importante definir el público antes de comenzar a escribir?

4. ¿En qué consiste la técnica de la comparación y el contraste? ¿Cuáles son otras técnicas que también se pueden utilizar al hacer una argumentación?

5. ¿Por qué se sugiere presentar información contraria a la postura que se defiende?

● PASO 1: Trabajo escrito

En esta ocasión usted va a escribir una composición argumentativa. El tema son las estadías lingüísticas en el extranjero. Usted va a argumentar sobre su importancia clave no sólo para los estudiantes de lengua sino para todos los estudiantes. Imagínese que su público es un grupo bastante escéptico de estudiantes de nuevo ingreso a la universidad o los padres de esos mismos estudiantes.

Usted deberá hacer una investigación que le revele información sobre la trayectoria de esa tendencia y sobre argumentos que lo ayudarán a validar su tesis. Es muy importante que usted desarrolle una tesis sólida que incluya un punto de vista. Por eso, es recomendable que primero haga una investigación y que luego desarrolle la tesis.

6.6 Antes de escribir Conteste las siguientes preguntas.

1. ¿Usted ha pasado algún tiempo estudiando en otro país? ¿Cuál fue su experiencia? Si nunca ha estudiado en otro país, ¿le gustaría tener esa experiencia? ¿Por qué? ¿Cuáles son algunas ventajas de pasar algún tiempo en otro país? ¿y desventajas?

2. ¿Usted cree que una estadía en otro país debe ser un requisito obligatorio de la educación universitaria? ¿Por qué? ¿Debe ser un requisito para todos los estudiantes en todas las disciplinas? ¿Es esta experiencia más valiosa en algunos campos de estudio que en otros? ¿Por qué?

3. ¿Cuáles son algunas de las razones que dan los estudiantes para no viajar a otro país para estudiar? ¿Qué piensa usted de esas razones? ¿Cuáles son válidas y cuáles no lo son?

4. ¿Cuándo es el mejor tiempo para ir a estudiar al extranjero? ¿Cuánto debe durar esa experiencia? ¿Por qué? ¿Estas decisiones son iguales para todos los estudiantes? ¿Cuáles son los factores que tienen que considerarse al tomar esas decisiones?

5. ¿Son los estudios en otro país la única experiencia a través de la cual una persona puede tener contacto con otra cultura? ¿Cuáles serían otras opciones? ¿Tienen todas iguales beneficios?

CONSULTORIO gramatical

El subjuntivo: Otros usos

Los usos del modo subjuntivo después de *que* y con ciertas conjunciones son dos de los que ocurren con más frecuencia. Sin embargo, hay otros contextos gramaticales donde también se utiliza el modo subjuntivo. Para ver otros usos importantes del subjuntivo puede consultar **Atajo** (**Grammar:** Verbs: Subjunctive in Relative; Subjunctive with *como si;* Subjunctive with *ojalá;* Grammar: Verbs: *if* clauses, *si*).

Para escuchar una lección de iRadio sobre el modo subjuntivo, visite **www.thomsonedu .com/spanish**. Para practicar el modo subjuntivo, visite **www.thomsonedu.com/spanish/ hacianivelesavanzados**

● PASO 2: Bosquejo

Como en la mayoría de los diferentes tipos de ensayo que usted ha estudiado, el ensayo argumentativo también tiene una estructura bastante rígida. Comienza con la introducción, continúa con el cuerpo y termina con las conclusiones. Antes de empezar a escribir es importante que organice sus ideas de acuerdo a esa estructura, escribiendo un bosquejo, el cual lo guiará en el análisis del tema. En el desarrollo del bosquejo de su ensayo argumentativo sobre las estadías lingüísticas considere las siguientes preguntas para la introducción-cuerpo-conclusión. No es necesario contestar todas las preguntas y es posible que haya otros elementos que usted querrá añadir.

> **I. Introducción**
>
> a. ¿Qué es una estadía lingüística en el extranjero?
>
> b. ¿Es esto algo nuevo? ¿Cuál es la tendencia entre las universidades?
>
> c. ¿Cuál es la postura de la universidad donde usted asiste con respecto a esto?
>
> d. ¿Por qué es tan importante tener tal tipo de experiencia como parte del currículo universitario?
>
> e. ¿Tiene que llevarse a cabo este tipo de experiencia en la lengua del país a donde se ha ido?

II. Cuerpo

    a. ¿Cuántos argumentos va a desarrollar? ¿Cuántos serán suficientes?

    b. ¿Cuáles son los argumentos que va a hacer?

    c. ¿Cómo va a presentarlos? ¿En qué orden? ¿Por qué?

    d. ¿Cuáles expresiones de transición va a utilizar para conectar sus argumentos?

    e. ¿Ha desarrollado todos los argumentos?

    f. ¿Cuáles técnicas va a utilizar?

III. Conclusiones

    a. ¿Ha reiterado la tesis?

    b. ¿Ha introducido un elemento en la conclusión que no tuvo espacio para desarrollar en el cuerpo y que apunta hacia otros aspectos a investigar?

    c. ¿Cree que ha podido convencer o lograr que el público tome en cuenta sus planteamientos?

● PASO 3: Primer borrador

Ahora usted está listo para escribir el primer borrador. El primer borrador debe ser su mejor intento de poner en palabras las ideas que tiene hasta ahora. Usted debe escribir el ensayo en el procesador de palabras. Tenga cuidado de poner todos los diacríticos usando el procesador de palabras. Préstele atención a la organización que usted ha desarrollado en el bosquejo y también al vocabulario y a la gramática.

En la fecha indicada por su instructor(a), entregue el ensayo escrito lo mejor que pueda. Ese día en la clase, intercambie su ensayo con un(a) compañero(a). En clase o en la casa lea el ensayo de su compañero(a). Debe corregir el trabajo empleando la lista de cotejo que se encuentra a continuación.

I. Contenido

- ☐ ¿Es bueno el título?
- ☐ ¿Es interesante la introducción?
- ☐ ¿Es específica la tesis? ¿La va a presentar de manera inductiva o deductiva?
- ☐ ¿Se han incluido todos los elementos necesarios para crear un ensayo argumentativo efectivo y convincente?
- ☐ ¿Qué ideas específicas del trabajo se deben aclarar más, eliminar o ampliar?
- ☐ ¿Tiene suficientes argumentos para probar su tesis? ¿Tiene suficientes detalles para desarrollarlos todos bien?
- ☐ ¿Hay pocos o demasiados detalles?
- ☐ ¿Hay muchas repeticiones?

II. Organización general

- ☐ ¿Está bien organizada la composición?
- ☐ ¿Son coherentes los párrafos?
- ☐ ¿Qué cambios se deben hacer para mejorar la organización?
- ☐ ¿Sería efectivo utilizar expresiones de transición?

III. Vocabulario y gramática

- ☐ ¿Qué palabras del vocabulario cambiaría usted para que el trabajo sea más interesante o variado?
- ☐ ¿Qué aspectos gramaticales necesitan ser más trabajados?
- ☐ ¿El uso del subjuntivo es correcto y consistente?
- ☐ Para evitar repetición, ¿ha incluido una buena variedad de expresiones que requieren el subjuntivo?

IV. Detalles u otros comentarios o crítica constructiva

También necesita usar los códigos de corrección en el **Apéndice 2** para corregir todos los errores lingüísticos que pueda encontrar en el texto. En la fecha indicada por su instructor(a) traiga a clase el ensayo de su compañero(a) completamente editado y con su nombre y apellido junto con la palabra *Corrector(a)* en la parte de arriba de la primera página del ensayo.

ESTRATEGIAS de escritura

Transiciones para construir un argumento

En **Estrategias de escritura** de los **Capítulos 4** y **5,** usted aprendió expresiones de transición para escribir una narrativa y para elevar el estilo de su escritura. Además, en la sección **Consultorios gramaticales** de este capítulo y en las del anterior, usted repasó las expresiones que pueden hacer necesario el uso del subjuntivo en cláusulas dependientes. Todo este vocabulario le puede ser muy útil para construir un argumento efectivo. A continuación encontrará algunas sugerencias más para ayudarlo a organizar sus argumentos y a convencer al lector sobre su punto de vista.

en primera instancia *in the first place; to begin with*

en primer lugar (segundo lugar, tercer lugar) *in the first (second, third) place*

además *in addition*

ahora bien *now then*

de modo que *so; therefore*

así que *so*

pues *so*

en breve *in short*

6.7 Corrección de errores El siguiente ensayo argumentativo sobre el valor de estudiar en un país en vías de desarrollo no ha sido editado. Corrija el ensayo utilizando los códigos de corrección en el Apéndice 2.

Las ventajas de una estadía en un país en vías de desarrollo

La gran mayor de estudiantes universitarios en Estados Unidos que viajan a otro país para cursar estudios lo hacen en Europa del oeste o el continente de Australia. Estadías en paises en esas regiónes pueden resaltar in experiencias impresionantes para estudiantes. Sin embargo, tal experiencias no se pueden comparar con el poder de viaja y estudia en un país en vías de desarrollo.

En primer lugar, la opportunidad de saber la pobreza que enfrenta la mayor de la población humano de la planeta tiene la

(*Continúa*)

capacidad de alterer la manera en que un Estadounidense ve y interpreta el mundo que está alrededor de él. Aunque sus experiencias con la pobreza son limitados y controlados, todavía tiene grandes posibilidades para transformar la perspectiva global de un típico estudiante de la clase media.

En el otro mano, la distribución no igual de recursos también resulta en riqueza que no acostumbra ver un estadounidense. Lo mismo que con la pobreza, la riqueza extrema que se encuentra atravéz del mundo en vías de dessarrollo puede ser chocante y, por lo tanto, transformativo para un estudiante.

Finalmente, las practicas culturales que un estudiante puede vivir durante una estadía en un país en vías de dessarrollo suele ser más diferente para un estudiante típico de Estados Unidos que vive en un país de la Europa del oeste. Muchas veces la comida que se come, la manera que se practica la religión, las tiendas donde compras cosas, los apartamentos y casas donde vives, todas son muy diferentes en un país en vías de desarrollo como en un país rico de la Europa o de Australia.

En conclusión, es importante que más estudiantes estudian en paises en vías de desarrollo. Se necesita estudiar más los razónes que más personas no optan por una estadía de este tipo. No hay espacio aquí para explorar esta pregunta. Pero, solo cuando se sabe la respuesta a esa pregunta se puede hacer algo para hacer mejor la situación.

● **PASO 4: Conversaciones sobre el tema**

Un paso importante en la creación de composiciones escritas es la formulación de las ideas propias. Ahora que tiene escrito un primer borrador de su composición seguiremos explorando y desarrollando el tema para que usted se pueda dar cuenta si hay algún aspecto del tema que no ha incluido en su composición o que le interesaría comentar. Discuta los siguientes asuntos en parejas o en grupos pequeños, pensando siempre en qué vínculo puede haber entre éstos y el contenido de su composición.

1. ¿Cuál piensa usted que sería el aspecto más difícil de vivir y estudiar por un tiempo extendido en un país hispanohablante? ¿el lenguaje? ¿la cultura? ¿la nostalgia por los amigos, por la familia o por un ser amado?

2. ¿Vale la pena estudiar en el extranjero en un país anglohablante como Gran Bretaña o Australia? ¿Qué se podría aprender al vivir y estudiar en esos países? ¿Sería más fácil o igualmente difícil que vivir y estudiar en un país donde se habla español? ¿Son iguales todos los países donde la gente habla inglés?

3. Si un estudiante universitario de otro país viniera a los Estados Unidos para vivir y estudiar, ¿habría alguna ciudad o estado donde sería mejor ir para poder tener una experiencia "auténtica" de los Estados Unidos? ¿Sería importante que ese estudiante hablara perfectamente inglés? ¿Qué recomendaría usted que hiciera o viera esa persona durante su estadía para conocer bien la cultura de nuestro país?

4. Si usted viajara a otro país para estudiar, ¿le gustaría vivir con una familia o en una residencia estudiantil? ¿Por qué? ¿Cuál sería el aspecto más difícil de vivir con una familia de otra cultura? ¿Cuál sería la ventaja más importante?

5. ¿Ha visitado usted todos los cincuenta estados de los Estados Unidos? ¿Cuántos ha visitado? ¿Cuál es su estado favorito? ¿Cuál es el estado que más le gustaría visitar pero que nunca ha conocido? ¿Tienen diferentes culturas los diferentes estados y regiones de los Estados Unidos? ¿Cómo? Explique. ¿Es más importante viajar y conocer nuestro propio país antes de visitar un país extranjero?

ESTRATEGIAS orales

Establecer una base sólida

Aunque hay miles y miles de palabras en inglés, el anglohablante nativo promedio tiene un vocabulario activo que consta de más o menos quinientas palabras. Esas palabras se repiten constantemente durante la comunicación interpersonal, día tras día. Como estudiante de español, usted también necesita establecer un repertorio de vocabulario fiable que pueda controlar efectivamente, sin mucha reflexión. Ese conjunto de palabras debería incluir sustantivos, adjetivos, adverbios, expresiones exclamativas e interrogativas. Entre todas estas palabras, lo más importante es su lista de verbos fiables. Si usted pudiera manipular sólo diez o quince o veinte verbos en el presente, el pasado y el futuro, sin errores frecuentes y sin pausas prolongadas para conjugarlos mentalmente, tendría una base amplia para poder comunicar mucho de lo que quisiera transmitir. Podría, simplemente, seguir repitiendo los mismos verbos. Hay ciertos verbos que necesitan estar en su lista, tales como *ser, estar, tener* y *hacer.* Ayudaría tener algunos verbos de comunicación, tales como *hablar* y *decir.* También debe tener algunos verbos de movimiento, como *ir* y *venir. Gustar* siempre es una buena inclusión en la lista. ¿Cuáles otros verbos le gustaría poner en su lista de verbos fiables? ¿Sabe conjugar bien esos verbos en el presente, el pasado y el futuro? Practique mucho conjugando esos verbos y cuando hable, disciplínese para que pueda depender de esos verbos fiables. Con tiempo y práctica podría ir ampliando la lista. Pero mientras tanto, podría mejorar mucho la sutileza de su español hablado aunque se restringiera a su lista fiable.

● PASO 5: Segundo borrador

Ahora ha recibido su primer borrador con las ediciones, correcciones y sugerencias de su compañero(a)-corrector(a). Saque una fotocopia del **Apéndice 1: Reacciones del autor.** Usted necesita completar la hoja e incorporar en el segundo borrador todas las ediciones, correcciones y sugerencias del editor que usted encuentre apropiadas. Su instructor(a) le indicará si usted le entregará el segundo borrador para que lo evalúe o si será editado por un(a) segundo(a) compañero(a). Si las conversaciones de **Paso 4: Conversaciones sobre el tema** lo han hecho pensar en algo novedoso para su composición, ahora también tiene usted una oportunidad para incluir esas nuevas ideas.

ESTRATEGIAS de escritura

Traducción de un texto profesional

Si usted pone en su curriculum que habla español o que usted hizo una carrera académica en español o una subespecialidad en español, es casi inevitable que, con el tiempo, un jefe le pida hacer una traducción de un texto profesional del inglés al español o del español al inglés. Cuando llegue ese momento, usted debería acordarse de lo siguiente:

1. La traducción es muy difícil y es un arte practicado por profesionales con preparación avanzada no sólo en inglés y español sino en el arte de la traducción misma.

2. Hacer una traducción de un documento profesional significa escribir de nuevo el documento en la otra lengua. No es cuestión de poner las palabras en inglés o en español, sino captar el mismo mensaje, el mismo tono y el mismo significado para una audiencia de diferente cultura y diferente lengua materna.

3. Los programas de computadora que hacen traducciones electrónicas pueden dar una idea vaga del contenido de un texto, pero no pueden hacer una traducción profesional. Para hacer eso hace falta un ser humano que domine las dos lenguas y que entienda las culturas del mundo anglohablante y las culturas del mundo hispanohablante.

Si recordara estas observaciones, si se las comunicara a su jefe y si reconociera sus propias limitaciones lingüísticas y culturales, usted podría hacer un buen trabajo, con mucho cuidado, al hacer una traducción de un texto profesional.

● PASO 6: Trabajo final

Después de recibir las ediciones, correcciones y sugerencias sobre el segundo borrador de un segundo corrector o de su instructor(a) usted, tiene una oportunidad más para pulir y perfeccionar su trabajo. Ahora tiene dos borradores y muchas ediciones, correcciones y sugerencias para considerar. Utilizando toda esta información, escriba usted el ensayo una vez más. Éste es su trabajo final. Entrégueselo a su instructor(a) en la fecha indicada.

CONSULTORIO gramatical

El subjuntivo: Concordancia de tiempos

Cuando usted sepa en cuáles contextos gramaticales necesita usar el modo subjuntivo, ya habrá ganado la mitad de la batalla. Pero todavía necesitará saber cuál tiempo verbal usar en el modo subjuntivo. ¿Necesita el presente del subjuntivo? ¿el imperfecto del subjuntivo? ¿el presente perfecto del subjuntivo? ¿Cómo saber? Puede encontrar las reglas que controlan cuál tiempo verbal se requiere en diferentes contextos gramaticales en **Atajo** (**Grammar:** Verbs: Subjunctive Agreement).

Para escuchar una lección de iRadio sobre el modo subjuntivo, visite **www.thomsonedu .com/spanish**. Para practicar el modo subjuntivo, visite **www.thomsonedu.com/spanish/ hacianivelesavanzados.**

FRENTE A LA COMPOSICIÓN ESCRITA

Sobre la autora

Raquel Caro Gil es profesora en la Universidad Pontificia de Salamanca en Madrid e investigadora en el proyecto Comités de Ética Asistenciales en España y Europa, subvencionado por el FIS (Fondo de Investigación Sanitaria) y el Ministerio de Sanidad y Consumo. El texto que aparece abajo es una selección de su ensayo más largo dedicado al tema del lugar de la mujer en la economía global al comienzo del siglo XXI. El ensayo entero se encuentra en el libro *La economía latinoamericana en la globalización: Perspectivas para el siglo XXI*, editado por José Manuel Sáiz Álvarez y Francisco Javier del Río Sánchez (Buenos Aires: Amertown International S.A., 2004).

Léxico temático

actual *current; these days*
agregarse *to add*
al azar *by chance*
aportar *to bring to; to contribute to*
atenuar *to lessen; to diminish*
el dato, la cifra *statistic; figure*
el desempleo, el paro *unemployment*
endeudado(a) *indebted*
el género *gender*

el ingreso *income*
el logro *achievement*
perjudicado(a) *negatively affected; hurt*
el presupuesto *budget*
la rentabilidad *profitability*
superar *to overcome*
la tasa *rate*
la tercera edad *old age; elderly*

6.8 Ejercicio léxico   Empareje las palabras de la columna de la izquierda con las definiciones correctas de la columna de la derecha.

1. la cifra
2. agregarse
3. la tercera edad
4. el presupuesto
5. superar
6. el género
7. el paro
8. atenuar
9. la rentabilidad

a. identidad social conectada con sexo biológico
b. cuando la gente no tiene empleo
c. ganar dinero por producir un producto o servicio
d. añadir o sumar
e. personas mayores
f. hacer menos o disminuir
g. plan de cómo se gasta dinero
h. número
i. vencer un obstáculo

6.9 Más práctica léxica   Rellene los espacios en blanco con la palabra más apropiada de la lista de vocabulario.

1. Muchas familias requieren dos _____ para poder sobrevivir en la economía de hoy día.

2. Si un país pobre está _____ a bancos internacionales, a veces es difícil gastar dinero del presupuesto en programas sociales.

3. Los _____ sugieren que la deuda nacional no sólo no está bajando sino que ha subido en años recientes.

4. Las mujeres todavía necesitan _____ dificultades económicas y sociales en la nueva economía global.

5. Necesitamos _____ tus ideas al nuevo proyecto.

6. La economía _____ es más competitiva de lo que era hace veinte años.

7. Algunos insisten en que los obreros siempre son _____ por cualquier tratado de libre comercio que se firme entre países.

8. Aprender una segunda lengua es un _____ que la mayoría de estadounidenses nunca realizan.

9. ¿Es usted de la opinión de que su destino se determina _____, o cree que usted controla su propio futuro con preparación y planificación?

10. El gobierno intenta controlar la inflación en la economía al regular con mucho cuidado las _____ de interés que los bancos cobran al prestar dinero.

6.10 Antes de leer Conteste las siguientes preguntas en grupos pequeños.

1. ¿Está a favor de la globalización o en contra? ¿Por qué? ¿Cuáles son las ventajas de la globalización? ¿y las desventajas?

2. ¿Tienen igualdad los hombres y las mujeres en el mundo profesional? ¿tienen la misma educación? ¿tienen los mismos derechos? ¿ganan el mismo dinero? ¿Cómo ha cambiado el papel de la mujer en el mundo profesional durante las pasadas décadas? ¿Cómo continuará cambiando?

3. ¿Quién hace más trabajo en la casa: el hombre o la mujer? ¿Es ese trabajo igualmente remunerado y del mismo valor que el trabajo profesional? ¿Se les ve como personas de éxito a las mujeres que trabajan en la casa pero que no tienen un empleo compensado? Y a un hombre que se queda en casa para cuidar a los niños, ¿cómo lo ve la sociedad?

4. ¿Hay diferencias entre las mujeres jóvenes entre dieciocho y veinticinco años de edad y sus abuelas? ¿Piensan de igual manera las personas de diferentes generaciones sobre la vida profesional y las responsabilidades domésticas que tienen las mujeres? ¿Hay diferencias entre las mujeres de diferentes grupos étnicos en cuanto a cómo piensan sobre la identidad femenina? ¿Cuáles son esas diferencias?

5. ¿Cuáles estereotipos existen sobre las mujeres del mundo hispanohablante? ¿Cree usted que esos estereotipos son acertados? ¿Cómo pueden variar las opiniones de las mujeres y sobre las mujeres en el mundo hispanohablante? ¿entre las mujeres de diferentes generaciones? ¿entre las mujeres de la ciudad y del campo? ¿entre las mujeres de diferentes clases económicas?

ESTRATEGIAS de lectura

Resumir lo leído

No importa la industria ni la profesión, un empleado que hable español además de inglés es un recurso de mucho valor. En **Estrategias de lectura** de este capítulo, usted leyó sobre algunas estrategias para hacer una traducción profesional. Sin embargo, no es necesario siempre hacer una traducción profesional. Frecuentemente, si un jefe le pregunta qué dice una carta o un documento escrito en español, es suficiente resumir el contenido del documento sin hacer una traducción. En otras secciones de **Estrategias de lectura,** usted ha aprendido a hacer anotaciones, a leer con diferentes propósitos, a buscar cognados y a hacer predicciones sobre lo leído. Para resumir el contenido básico de una lectura profesional usted utilizará todas esas estrategias, pero no necesitará traducir el texto. Para resumir, usted puede usar sus propias palabras para comunicar los puntos más importantes del reportaje, la carta, el folleto o el anuncio. Si el jefe luego le pide una traducción más específica, usted debe pedirle más tiempo para producir una traducción profesional, es decir, para verter a otro idioma el contenido del texto, tratando de ser lo más fiel posible a las ideas e intenciones del escritor.

Diferencias de género en América Latina y Caribe en el siglo XXI: La mujer y su incorporación al mercado de trabajo

Introducción

El presente capítulo pretende ofrecer una visión general sobre los factores o aspectos que en América Latina y el Caribe se dan para la incorporación de la mujer al mercado de trabajo en los albores del siglo XXI.° Factores que vienen determinados por una serie de indicadores difíciles, hoy por hoy, de superar por el género femenino, más concretamente, por la mujer latinoamericana. El desarrollo que se va a reflejar no se ha realizado al azar.° Su evolución ha venido fuertemente marcada por el devenir histórico-social, ingrediente importante en el desarrollo y compromiso político-social del progreso de la mujer en la actual economía de mercado.

"Aquí nadie ha tratado de hacerles trabajar los domingos. Se quería únicamente que lo hicieran ustedes de buena voluntad" (1871). "En vez de eso, han abandonado ustedes el trabajo—dice el subdirector de la fábrica—, causando a la fábrica un gran prejuicio,° pues nos hemos visto obligados a mantener los hornos en fuego durante treinta y seis horas, gastando así carbón inútilmente. Además, y esto es lo más triste, han armado ustedes no sé qué barullo[1] que no quiero ni recordar siquiera por-

at the dawn of the twenty-first century

by chance

causing the factory big problems

[1]you have made such a big fuss

que la indignación me haría salir de mí mismo y quisiera a toda fuerza conservar la calma" (1872). "El que no esté contento, que se marche,° y que vaya a ver si encuentra en otra parte mejores amos y mejores jefes." ("Informe Duro" sobre la situación de 930 obreros en la fábrica de hierros de Asturias, 2 de diciembre de 1871).

"El empleo de la mujer y del niño en el trabajo es hoy una abominación por la explotación a que se les somete, porque es un medio del que los burgueses se valen° para reducir el trabajo al más ínfimo estado, para tiranizar más al proletariado; pero será un bien cuando la propiedad sea colectiva, porque librará a la mujer de la tiranía brutal del hombre, de la raquítica estrechez del hogar doméstico,° abrirá anchos horizontes a su inteligencia y actividad, y al hacerla libre la hará digna de la libertad. La desaparición de la pequeña propiedad y de la pequeña industria es, pues, un hecho fatal y una consecuencia lógica de la propiedad burguesa." (Congreso de Zaragoza: Informe sobre "La propiedad". Apartado 5. Resultados sociales, 1871).

Una reflexión sobre los documentos nos lleva a prefigurar primeramente unas regiones, la de Zaragoza y Asturias, un territorio determinado, con una población definida. En el primer párrafo, trabajadores en general, sin especificar si existe diferencia de género. En el segundo, mujeres y niños. Avanzamos nuestra reflexión un estadio más y apreciamos una situación generalizada de malestar y explotación. Acontecimientos de un Estado independiente de cualquier poder extranjero (España —reinado de Amadeo I—), pero dependiente y permeable a las ideas externas: en este caso, en Occidente la lucha del hombre por su inalienabilidad. Los resultados los conocemos, pero ¿y los de la mujer?

Nuestra situación contemporánea es similar: Estados independientes empapados de ideas globalizadoras y diferencias alienadoras[2]; nos centraremos en la perspectiva de la mujer. La liberación del trabajador de su yugo con la servidumbre en el siglo pasado le permite pasar a ser un sujeto productivo asalariado moderno. La mujer, no obstante, se ha encontrado con unas barreras y fronteras difíciles de traspasar, difiriendo en mayor o menor medida según la aldea global donde nos encontremos. El curso emancipatorio de las mujeres ha puesto en evidencia la relevancia social y económica de su trabajo, en un gran número de casos no remunerado y la necesidad de transformaciones en las relaciones del ámbito público y privado, pues las mujeres han superado sus ataduras excluyentes con el mundo doméstico, pero no han sido eximidas de esta responsabilidad.[3] La necesidad de enfrentar las responsabilidades familiares ha favorecido el ingreso de las mujeres al mercado de trabajo. Sin embargo, como evidencia de que esta participación debe enfrentar la discriminación de género en el mercado laboral, ya que cualesquiera que sea la calificación

whoever is not happy can leave

it is a tool that the bourgeiosie use

the oppressive limitations of housework

[2]independent states steeped in ideas of globalization and alienating differences; [3]women have overcome exclusive ties to the domestic world, but they have not been excused from those responsibilities

salaried workers

educativa de los asalariados,° las mujeres presentan mayores tasas de desempleo. Esta es la diferencia de género fundamental: se sigue considerando a la mujer como producto o herramienta tradicional de trabajo y no como sujeto productor moderno.

Género

Género es el sustantivo que no es masculino ni femenino y que tiene desinencias y atributivos neutros. En las islas Chuuk (Micronesia), a los lactantes° se les llama *monukon,* sean éstos niñas o niños. No obstante, el género se define como una construcción social, cultural e histórica que, sobre la base biológica del sexo, determina normativamente lo masculino y lo femenino en la sociedad, así como las identidades subjetivas y colectivas. A veces los etnógrafos pueden hacer más tajantes las divisiones de género, al sobreinterpretarlas. Igualmente condiciona la existencia de una valoración social asimétrica para varones y mujeres, y la relación de poder que entre ellos se establece (CEPAL, 1994).

breast-fed
children

Últimamente algunas teóricas feministas han insistido en la mutabilidad de las identidades relacionadas con el género y la sexualidad, no para evitar los términos *hombre* o *mujer,* por ejemplo, sino para describir de una manera más precisa y más flexible estas clasificaciones culturales como procesos y no como entidades fijas. De ahí que enfatice Joan Scout (1990) sobre la interdependencia mutua de "diferencia" e "igualdad" en las relaciones de género. El hecho de que la vida y los hombres sean difíciles de aprehender no significa que debamos abandonar nuestras etnografías sobre el género a la posición nihilista de que la verdad (y la opresión) son relativas y que únicamente existen en el lenguaje y en el texto. Podemos evitar conclusiones esencialistas y deificadas° con respeto a las acciones o pensamientos de cualquier género, etnicidad, clase u otro grupo social (Gutmann, 1998).

avoid essentialist
and deified
conclusions

Capacidad internacional: globalización

La *globalización* es un término nuevo que ha aparecido con mucha fuerza o más que con fuerza, con capacidad de convicción, pues con su seducción sutil ha logrado que la luz invisible lleve consigo un cambio total en nuestras opiniones y en nuestra apreciación de todos los valores de la vida mundana: la rentabilidad económica en todos los ámbitos.° Es tal la influencia de la globalización traducida en términos económicos que aun en su aspecto más negativo sigue siendo atractiva pues es bien sabido que un rápido crecimiento económico no tiene por qué ofrecer un incremento de bienestar social, y lo social no puede seguir siendo visto como algo ajeno° y secundario con respecto al crecimiento económico [y] al desarrollo científico-tecnológico.

economic
profitability in
all environments

foreign

La globalización es un proceso ambivalente: extensivo e intensivo. Engloba potencialmente a todo el espacio planetario y afecta a todos los ámbitos del quehacer humano. La globalización ha cambiado el concepto de espacio y tiempo y nos empuja constantemente al intercambio económico, productivo, financiero, político, ideológico y cultural entre todos los países. La globalización no es otra cosa sino la máscara del capitalismo puro y duro, es decir, la explotación y expansión en su máxima expresión. La globalización no tiene como objetivo satisfacer necesidades sino crearlas. Su objetivo es la demanda. La liberalización de los mercados hace al intercambio un proceso imparable,° la economía del mercado se virtualiza y la especulación es la reina de la jungla donde los leones mandan. Hoy los Estados son las plataformas de la actividad macroeconómica global. Hoy más que nunca la ficción o mejor dicho la virtualidad supera la realidad.

La realidad es que las personas se ven afectadas por esa gran red invisible que, como dice el título en castellano de una película norteamericana, es La mano que mece la cuna.° La equidad de género° forma parte ya de la agenda global y regional pero las primeras evaluaciones del impacto global ha[n] afectado de [manera] distinta y muchas veces desigual a cada país y región, a hombres y mujeres. Todo por la liberalización del comercio. Hoy la economía mundial a mediados del año 2003 determina cualquier superficie. En estos momentos la incertidumbre global tras las tensiones bélicas en el Medio Oriente tiene implicaciones complejas para las economías de los países de Latinoamérica y el Caribe, y por supuesto para las mujeres.

Salvo un impulso externo positivo de magnitud inesperada, las economías tendrán dificultades para retomar por sí solas una senda de crecimiento estable y suficientemente alta° para aportar una solución a los problemas sociales de América Latina y el Caribe. El déficit en cuenta corriente está creciendo, los hogares están endeudados° y el nivel de consumo se ha mantenido gracias a incentivos difíciles de sostener indefinidamente.

A estos factores externos se agregaron las debilidades propias asociadas con los escasos márgenes de maniobra que acumularon las economías latinoamericanas durante el período de abundancia para poder hacer frente a las crisis. En consecuencia, en casi todos los países las autoridades económicas se vieron obligadas a adoptar medidas en el frente monetario y fiscal° que acentuaron el efecto de los choques externos, en vez de atenuarlos. Por ejemplo reducciones en la Seguridad Social donde las mujeres son las grandemente perjudicadas.°

Un factor externo positivo es el mejoramiento de la posición de América Latina en los mercados financieros internacionales. La región

---

Marginal glosses:

unstoppable

the hand that rocks the cradle; gender equality

a sufficiently high path of stable growth; households are indebted

to adopt measures on the monetary and fiscal fronts; harmed

muestra recientes signos de recuperación, reflejados en una mejoría relativamente importante en las primas de "riesgo país" de los títulos de deuda pública externa.

En este panorama socio-económico de Latinoamérica y el Caribe, las mujeres se encuentran en una situación de encrucijadas bastante complejas.° Empecemos por los datos que aporta la OIT (Organización Internacional de Trabajo) sobre sus situaciones. Según la OIT, el desempleo urbano afecta a 6,5 millones de latinoamericanas, cifra que aumenta considerablemente en las mujeres del ámbito rural. Las investigaciones de la OIT comprueban que las tasas de paro femenino son superiores a la[s] de los hombres, excepto en Argentina donde el desempleo de los hombres supera al de las mujeres pero ganan un 46 por ciento menos que los hombres. Dato este último similar a la situación vivida en México donde la mujer estudia más y gana menos que el varón. Las cubanas no tienen apenas acceso al poder a pesar del esfuerzo que están haciendo para lograrlo, no obstante es el país del Caribe y América Latina donde las mujeres ocupan más asientos en el parlamento, seguida de Trinidad y Tobago, Nicaragua y Jamaica. En Guatemala los presupuestos para programas de la mujer han sido reducidos un 60 por ciento, apenas el 2 por ciento de los gastos del Estado situándose entre los 9 países del mundo que menos presupuesto dedica a las mismas.

Demandas de igualdad de género en América Latina

El siglo XXI es el siglo de la consolidación de uno de los procesos de transformación más importantes de la humanidad, la incorporación, por parte de las mujeres, a los distintos niveles de educación y por su ingreso masivo y acelerado al mercado laboral, fruto por un lado del logro educativo,° pero también de la crisis y la necesidad de mayores ingresos. De manera más general esas tendencias son tributarias de los procesos de modernización y desarrollo económico que han incluido transformaciones en el mercado, la sociedad y la cultura. Uno de los filósofos más notables del derecho ha caracterizado este siglo como el siglo de la revolución de la igualdad de hombres y mujeres (Bobbio, 1991). La construcción de esa igualdad es el resultado de la combinación de factores estructurales, económicos, sociales, culturales y políticos en los que se reconoce la acción organizada del movimiento de mujeres como agente principal de las transformaciones.

Los cambios en la educación en el mundo del trabajo y [en] el reconocimiento de los derechos de las mujeres son pues el punto de partida° de un nuevo siglo que debe enfrentar nuevos desafíos orientados a eliminar la persistencia de brechas de género° en los mismos ámbitos° donde se identifican avances. Por otro lado, los cambios jurídicos, el desarrollo

Marginal glosses:

at a rather complicated crossroads

educational achievement

point of departure

gender gaps; the same areas

the empowerment

brought together

institucional y la participación en la toma de decisiones aparecen como logros volátiles amenazados por las debilidades institucionales de la región. Además, el potenciamiento° de fuerzas conservadoras opuestas a la igualdad de las mujeres es un factor nuevo a considerar. Se trata de largos procesos históricos que alteran rutinas institucionales, valores y pautas culturales[4] pero que terminan instalándose como consecuencia de la modernización y la voluntad política conjugadas° por la acción deliberada del movimiento social de mujeres. Su instalación abre nuevos desafíos y debates que no pueden darse por concluidos y que requieren una renovación permanente como lo demuestra la experiencia regional.

El impacto de estos procesos como es bien sabido es heterogéneo según los países, los grupos de mujeres y las áreas de residencia, constatándose que aun a pesar de los progresos generales, las mujeres rurales e indígenas así como las de la tercera edad están particularmente expuestas a la exclusión y discriminación. La mayor participación de las mujeres se ha explicado por la necesidad de ampliar los ingresos familiares para superar la pobreza, por el incremento de los niveles educativos, por su relación con los cambios demográficos pero también por el desarrollo de una ciudadanía social. Las mujeres buscan trabajo remunerado porque lo necesitan, pero también porque quieren. Eso explica por qué, a pesar de la precariedad del empleo femenino, las mujeres prefieren mantenerse en el mercado de trabajo como una forma de potenciamiento de su autonomía.

© The Thomson Corporation/Heinle Image Resource Bank

[4]that alter institutional routines, values and cultural patterns

En América Latina se constata[n] evidentes progresos en la consagración de la igualdad de la mujer con respecto al hombre en el ámbito constitucional. La eliminación de formas directas de discriminación, tanto educativas, jurídicas, legislativas referentes a la violencia doméstica y derechos reproductivos, mayor participación laboral, y la creación de mecanismos institucionales para la igualdad de género de escala nacional, provincial y municipal se establecen como un hecho positivo la adopción generalizada de planes nacionales de igualdad. A su vez exponía [que] una de las paradojas del siglo que se cerraba era la coexistencia de un gran reconocimiento y visibilidad de los logros de las mujeres a la vez que se constataba que nunca habían sido más evidentes las exclusiones que caracterizan a la aldea global. La igualdad de las mujeres se estaba construyendo, en muchos casos, en sentido contrario a las crecientes desigualdades económicas, sociales, políticas, culturales y mediáticas que caracterizan el mundo globalizado. La concentración de la riqueza y el poder, el aumento de la pobreza absoluta, y la creciente violencia pública como privada, ponían en peligro los adelantos logrados en materia de igualdad entre hombres y mujeres. A esto se sumaba el hecho de que la desigualdad entre las mismas mujeres tendía a acentuarse dramáticamente si no se adoptaban políticas apropiadas. Además "los avances registrados están limitados por los síntomas de retroceso y estancamiento[5] que se observan en la región y que el grado de desarrollo de los derechos de las mujeres es un indicador inequívoco de la consolidación de la democracia y el respeto a los derechos humanos en los países" (CEPAL, 2000, p. 7). [L]a frecuencia de las crisis institucionales y la persistencia de indicadores de pobreza y desigualdad no constituyen el mejor escenario para la igualdad de género y que ésta está siendo erosionada no sólo por las crecientes dificultades en el contexto sino porque en él se están desarrollando tendencias culturales contrarias a los valores de igualdad y al respeto de los derechos humanos como patrimonio cultural. América Latina y el Caribe cuentan con un entramado sustentado en principios de igualdad institucional.[6] Las Oficinas Nacionales de la Mujer, en general en diálogo con la sociedad civil, se han convertido en la columna vertebral de este entramado° y aunque [aún] operan con baja intensidad debido a la escasez de recursos y a la fuerza de la agenda económica financiera en la región, llegan al presente siglo en mejores condiciones para ejecutar la agenda de las mujeres que hace cinco años. En este contexto las demandas de género en América Latina se centran en los siguientes aspectos: igualdad de oportunidades, indiscriminación y socialización.

the backbone of this framework

[5]symptoms of backtracking and stagnation; [6]institutional framework built on principles of institutional equality

6.11 Después de leer Conteste las siguientes preguntas individualmente, basándose en la lectura que acaba de hacer.

1. Según el "Informe duro" de 1871, ¿cuál fue el problema con los obreros en las fábricas en Asturias, España?

2. ¿Qué responsabilidades tiene la mujer moderna en lo relacionado con el trabajo doméstico?

3. Según la autora, ¿es la identidad de género un hecho biológico o una estructura social?

4. ¿Cuál es el valor central para todas las áreas de la vida en la ideología de la globalización?

5. ¿De qué son un ejemplo las reducciones en la Seguridad Social?

6. ¿Qué cifras menciona la autora sobre las tasas de desempleo de las mujeres en Latinoamérica?

7. ¿Cuáles son dos razones que da la autora para explicar las razones por las cuales las mujeres han entrado de forma masiva al mercado laboral?

8. ¿Qué mujeres están particularmente expuestas a la discriminación?

9. ¿Qué paradoja existe entre los avances que han hecho las mujeres y la situación económica de Latinoamérica?

6.12 Análisis de composición escrita Responda las siguientes preguntas de análisis sobre la lectura que acaba de hacer. Puede trabajar individualmente o en grupo, según le indique su instructor(a).

1. ¿En qué se parece la situación de la mujer latinoamericana en la economía global del siglo XXI a la de los obreros asturianos del siglo XIX?

2. ¿Cree usted que la identidad de género es un hecho biológico o una estructura social? Defienda su posición.

3. Según la autora, ¿cuál será el futuro para las economías latinoamericanas si no hay un cambio drástico en las estructuras económicas internacionales?

4. La autora comenta que las mujeres han participado más en el mercado laboral porque la economía global requiere que las familias tengan más ingresos y, también, porque las mujeres mismas quieren trabajar por razones de su propia independencia y potenciamiento. ¿Qué cree usted? ¿Las mujeres trabajan porque necesitan trabajar o porque quieren trabajar? Explique y defienda su respuesta.

5. La autora sugiere que hay tensiones entre los avances políticos, jurídicos, legislativos y culturales que han generado las mujeres durante el siglo XX hacia su independencia y la realidad del sistema económico global del siglo XXI que frecuentemente perjudica a las mujeres. ¿Está usted de acuerdo? ¿Es el capitalismo global, como se practica hoy día en casi todo el mundo, beneficioso para las mujeres? ¿o sufren las mujeres porque el sistema produce resultados injustos?

Diario de reflexiones

Escriba en su diario por diez minutos sobre su reacción al tema de la mujer en las profesiones. Puede escribir sobre sus ideas relacionadas con la igualdad de género, el lugar de las mujeres en las carreras profesionales, el rol de los hombres y las mujeres en el trabajo doméstico o sobre cualquier otra cosa que se le ocurra relacionada con el tema de esta lectura. No escriba su diario en un procesador de palabras sino a mano, en su cuaderno. No busque palabras en el diccionario. Si no conoce una palabra, intente pensar en otra equivalente o simplemente escriba la palabra en inglés. Tampoco se preocupe mucho por la gramática. Sea tan correcto como pueda, pero no se detenga a consultar reglas gramaticales. Escriba todo lo que pueda en diez minutos. Sea generoso con sus ideas y con su lenguaje.

FRENTE A LA COMPOSICIÓN ORAL

Preparar el escenario

Amy Merryman es una estudiante estadounidense que hace una carrera académica en español y administración de empresas. Como parte de su formación académica, ella hizo un programa de estudio en el extranjero, donde estudió cursos sobre la lengua, la cultura, la literatura y la economía. Al regresar a los Estados Unidos, Amy hace una presentación formal para un curso de negocios internacionales sobre el valor de su estadía en el extranjero para su carrera profesional.

6.13 Antes de escuchar Comente en grupos pequeños las preguntas a continuación.

1. ¿Tiene usted amigos que hayan estudiado o simplemente viajado al extranjero? ¿Ha tenido usted una experiencia a esta índole? ¿A qué lugares fueron sus amigos? ¿y usted? ¿Por qué?

2. ¿Cuáles son las impresiones de sus amigos sobre sus experiencias? ¿Son parecidas o diferentes a sus impresiones? ¿Cree usted que todos tienen la misma reacción a una estadía en un país extranjero?

3. ¿Qué les gustó más a sus amigos de su experiencia? ¿Qué les gustó menos? ¿y a usted?

4. ¿Cree usted que ellos estarían dispuestos a repetir la experiencia? ¿A usted le gustaría repetir una experiencia internacional que ha tenido? ¿Adónde le gustaría ir en el próximo viaje que haga?

Track 7

6.14 Después de escuchar Conteste las siguientes preguntas individualmente, basándose en el texto que acaba de escuchar.

1. ¿En qué consistió la experiencia de Amy en el extranjero? ¿Qué país visitó y por cuánto tiempo?

2. ¿Cuáles son los tres beneficios importantes que menciona Amy de su estadía en el extranjero?

3. ¿Qué importancia tuvieron los cursos de español que Amy estudió antes de viajar al extranjero?

4. ¿Cómo cambió la manera en qué Amy entendió la historia y la civilización durante su estadía?

5. De los tres beneficios que menciona Amy, ¿cuál cree usted que será más importante posteriormente en su carrera profesional?

6.15 Análisis de composición oral Responda las siguientes preguntas de análisis sobre el texto que acaba de escuchar. Puede trabajar individualmente o en grupos, según le indique su instructor(a).

1. ¿Qué tipo de composición es ésta? ¿Por qué?

2. ¿Pudo usted captar algunas de las expresiones de transición que tiene? ¿Puede mencionar al menos dos? En su opinión, ¿contribuyen a la mejor organización del ensayo?

3. ¿Qué comentarios haría usted sobre la habilidad lingüística de Amy?

4. ¿Qué importancia cree usted que tiene el turismo y las estadías de estudiantes universitarios de otros países a la economía española? ¿y a otros países hispanohablantes?

Diario de reflexiones

Escriba en su diario por diez minutos sobre su reacción al tema de las estadías en el extranjero. Puede escribir sobre una experiencia internacional que usted ha tenido, los planes que usted tiene para estudiar en otro país en el futuro, sus miedos o preocupaciones sobre vivir en otro país o sobre cualquier otra cosa que se le ocurra relacionada con el tema de esta lectura. No escriba su diario en un procesador de palabras sino a mano, en su cuaderno. No busque palabras en el diccionario. Si no conoce una palabra, intente pensar en otra equivalente o simplemente escriba la palabra en inglés. Tampoco se preocupe mucho por la gramática. Sea tan correcto como pueda, pero no se detenga a consultar reglas gramaticales. Escriba todo lo que pueda en diez minutos. Sea generoso con sus ideas y con su lenguaje.

APÉNDICE 1
Reacción del escritor/a

Escritor(a): _____

Corrector(es): _____

Fecha: _____

1. Estoy de acuerdo con los siguientes comentarios de los correctores porque:

2. No estoy de acuerdo con los siguientes comentarios de los correctores porque:

3. Pienso que todavía tengo que trabajar más los siguientes aspectos del trabajo (puede indicar más de una posibilidad):

    _____ la introducción

    _____ la estructura

    _____ el contenido

    _____ el vocabulario

    _____ la gramática

    _____ la coherencia

    _____ el final o las conclusiones

Otros: _____

APÉNDICE 2
Error Key

Error Symbols	Examples	Corrected Example
?	Incomprehensible: No _hace sentido_.	No tiene sentido.
A	Error with personal _a_: _Conozco a España._	Conozco España.
ART	Error with use or omission of definite or indefinite article. _Mi madre es una abogada._	Mi madre es abogada.
BACK	Error with "backward" verb (_gustar, faltar,_ etc.): _Ella gusta bailar._	A ella le gusta bailar.
CONJ	Error with omission of conjunction: _Quiero vengan._	Quiero que vengan.
DEM (A) or (P)	Error with demonstrative (adj.) or (pronoun): _Eso carro es bonito._	Ese carro es bonito.
DO/IO	Error with direct or indirect object: _Lo di a mamá._	Le di a mamá _o_ Se lo di a mamá.
FORM	Appropriate root with wrong form or ending: _Ella es mejora que yo._	Ella es mejor que yo.
GEN	Incorrect noun gender: _La aroma del café llena toda la casa._	El aroma del café llena toda la casa.
INF	Infinitive should be used: _Yo deseo que estudio más._	Yo deseo estudiar más.
M	Capital or lowercase letter: Cien _Años_ de _Soledad es la novela más conocida de Gabriel García Márquez._	_Cien años de soledad_ es la novela más conocida de Gabriel García Márquez.

Error Symbols	Examples	Corrected Example
MISC	A brief explanation is required.	
MODE	Incorrect mode: subjunctive instead of indicative, or vice versa. *Creo que <u>venga</u> temprano.*	Creo que viene temprano.
NAG	Noun + modifier or pronoun agreement: *La casa blancas es bonita.*	La casa blanca es bonita.
NEG	Error with negative construction: <u>*Me gusta nada.*</u>	No me gusta nada.
OPRON	Error with prepositional or object pronoun: <u>*Nos*</u> *vivimos cerca de <u>tú</u>.*	Nosotros vivimos cerca de ti.
P	Error with punctuation: *Qué bonito!*	¡Qué bonito!
P/P	Error with *por* and *para*: *Nunca ha viajado <u>para</u> avión.*	Nunca ha viajado por avión.
PREP	Error with preposition other than *por* or *para*.	
PRIM	Error with preterite or imperfect: *Ayer la <u>hacía</u> muchas veces.*	Ayer la hizo muchas veces.
REF	Error with reflexive verb: <u>*Levanta*</u> *a las siete.*	Se levanta a las siete.
S/E	Error with *ser* or *estar*: *Usted <u>es</u> comiendo.*	Usted está comiendo.
S/PL	Error with number (singular/plural): *La <u>vacación</u> pronto comenzará.*	Las vacaciones pronto comenzarán.
SAG	Subject and verb agreement: <u>*Usted son*</u> *pacientes.*	Ustedes son pacientes.
SP	Spelling or written accent: <u>*Qerido*</u> *amigo:*	Querido amigo:
SPRON	Error with a subject pronoun: *Yo quiero ir. <u>Yo</u> deseo verlo.*	Yo quiero ir. Deseo verlo.

Error Symbols	Examples	Corrected Example
TEN	Other tense errors, including sequence: *Hemos colocando a dos estudiantes.*	Hemos colocado a dos estudiantes.
VOC	Vocabulary error: *El orador dio una buena lectura.*	El orador dio una buena conferencia.
WO	Error in word order: *El azul cielo invita a la contemplación.*	El cielo azul invita a la contemplación.
Y/O	(Y) Error with incorrect use of *y* and *e*, or (O) *o* and *u* to communicate the English equivalent of *and* or *or*: *Hablo español y inglés.*	Hablo español e inglés.
[ ]	Rephrase the idea(s) or revise the sentence(s).	
^	Add word(s)	
X	Unnecessary word(s)	

Glosario

A

a adoptar medidas en el frente monetario y fiscal *to adopt measures on the monetary and fiscal fronts*

a esto se suma la desamparo *to this is added the helplessness*

a la vista de lo anterior *in light of all of the above*

a lo mejor *probably*

a tono con esto *for this reason*

abarcador(a) *comprehensive; overarching*

aborrecer *to hate*

actual *current; these days*

actualidad *present day*

además *in addition*

administración *management*

adquirir *to acquire*

afiches *posters*

agregar *to add to*

agregarse *to add*

aguantar *to put up with; to bear; to stand*

ahora bien *now then*

ahorita *right away; in a "sec"*

ajeno *foreign*

al azar *by chance*

alargado *stretched out*

ALCA (Acuerdo de Libre Comercio de las Américas) *CAFTA: Central American Free Trade Agreement*

alfandoque *a sugarcane paste*

la alteridad *the otherness*

alumnado *student body*

ampliar *to expand; to make bigger*

antepasados *ancestors*

antes *before*

antorcha *torch*

apariencia *appearance*

apela a *appeals to*

apertura *opening*

ápice *pinnacle*

aportar *to bring to; to contribute to*

apremiantes *pressing*

aprendizaje *learning*

armar *to build; to put together*

armiño *ermine*

arraigados *rooted*

asalariados *salaried workers*

asesinado *murdered*

así que *so*

asidero *handhold*

asumir *to assume*

atender *to attend to; to pay attention to*

atenuar *to lessen; to diminish*

atestiguar *to testify*

atreverse *to dare*

avisar *to warn*

B

baberos *bibs*

barreras *barriers*

barruntando catástrofes *sensing catastrophes*

beca *scholarship*

becado(a) *having received a scholarship*

beneficiar *to benefit*

bienes *goods*

bostezar *to yawn*

Boyacá *a Colombian province*

brechas de género *gender gaps*

brillar *to shine*

C

caballero andante *wandering knight*

cachazudo *slow*

caderas *hips*

cajero automático *automatic teller machine (ATM)*

los cambios derivados del manifiesto deseo de potenciar *the changes derived from the manifest desire to empower*

campaña *campaign*

campo de estudio *field of study*

capacidad *proficiency; capacity*

cargos *jobs*

cartillas *pamphlets*

causando a la fábrica un gran prejuicio *causing the factory big problems*

cenicero *ashtray*

ceniceros llenos de cohillas *cigarette stubs*

charlatana *chatterbox; gossiper*

chorro de luz azorada *startling stream of light*

chupetes *pacifiers*

la cifra, el dato *statistic; figure*

cifra su meta principal *identifies the principal goal*

ciudadanos *citizens*

clave *key*

cobija *blanket*

cofán *a region in Colombia*

columna vertebral *backbone*

columna vertebral de este entramado *the backbone of this framework*

competencia *skill; competency*

componerse *to be composed of*

conjugadas *brought together*

conjunto *group; set*

un conjunto de pautas encaminadas *a set of standards designed*

conocimiento *knowledge*

contestador *answering machine*

convendría que pudieran ser provistos *it would be befitting to be able to provide*

convenios *agreements*

crianza *upbringing*

cruzar de puntillas *tiptoe across*

cruzarse con alguien *to bump in to someone; to meet by accident*

cuarto *fourth*

cuestión *matter*

cumplir *to make good on your word*

D

dar luz a *to give a start to; to initiate*

el dato, la cifra *statistic; figure*

de modo que *so; therefore*

de repente *suddenly*

de súbito *suddenly*

debido a *due to*

deletrear *to spell*

el delgado hilito *a thin little thread*

demostrar *to show*

desafinado *out of tune*

desafíos *challenges*

desarrollar *to develop*

descartado el modelo del hablante nativo *discarding the model of the native speaker*

descontar *to discount*

desempeñar un papel *to play a role*

desempleo, paro *unemployment*

deslumbra *dazzles; blinds*

desplazamiento *displacement*

después *afterward*

destrezas *skills*

detenerse *to stop; to pause*

directrices europeas *European directives*

diseñar *to design*

documentados *legal immigrants*

dominar *to master*

donde se encuentran las que remiten de manera más directa a la dimensión intercultural *where those are found that are most tightly connected to the intercultural dimension*

dormilón *a person who loves to sleep; sleepyhead*

E

el que no esté contento, que se marche *whoever is not happy can leave*

elaborar *to make; to manufacture*

embriagado por la felicidad *drunk with happiness*

emisoras de radio *radio stations*

empequeñecer *to belittle*

empresas *companies*

empujar *to push*

en breve *in short*

en cursiva *italics*

en los albores del siglo XXI *at the dawn of the twenty-first century*

en primer lugar (segundo lugar, tercer lugar) *in the first (second, third) place*

en primera instancia *in the first place; to begin with*

en seguida *immediately*

en su lugar se apuesta por el hablante intercultural *in its place is proposed the intercultural speaker*

en una situación de encrucijadas bastante complejas *at a rather complicated crossroads*

encajar(se) *to fit; to fit in*

endeudado(a) *indebted*

enseñanza *teaching*

ensortijado *in curls*

entablar diálogo *to have a dialogue*

enterarse *to find out*

entramado sustentado en principios de igualdad institucional *institutional framework built on principles of institutional equality*

epopeya *epic*

equidad de género *gender equality*

equivocado(a) *mistaken; wrong*

es un medio del que los burgueses se valen *it is a tool that the bourgeoisie use*

esfuerzo *effort*

esmirriado *thin, stringy*

especializarse *to major*

espíritu empresarial *entrepreneurial spirit*

estados independientes empapados de ideas globalizadoras y diferencias alienadoras *independent states steeped in ideas of globalization and alienating differences*

estancias en el extranjero *study-abroad programs*

estándares *standards*

estando llamado a ilustrar *being called to model*

estimar *to estimate*

esto no quiere decir que exista un conjunto de competencias diferenciadas que se superponen o se yuxtaponen *this is not to say that there exists a set of different skills that are superimposed and juxtaposed with each other*

etapas de escolarización *schoolage years*

etnia *ethnicity*

eventualmente *eventually*

evitar conclusiones esencialistas y deificadas *avoid essentialist and deified conclusions*

evolucionar *to evolve*

una exaltación desbordada *an excessive exuberance*

expulsar *to expel*

F

finalmente *finally*

fines específicos *special purposes*

farolillos de verbena *party lights*

florecer *to flower*

fluidez *fluency*

fontanero *plumber*

forjar *to forge*

la formación inicial debería proporcionarle un conjunto de capacidades y técnicas prácticas mediante la formación en el aula *initial training should provide him or her with skills and practical techniques by means of classroom instruction*

fuegos artificiales *fireworks*

G

garantizar *to guarantee*

gastos *costs*

gaviota *seagull*

género *gender*

gestionar *to manage*

gestores *decision makers*

globalización *globalization*

la guabina santandereana *a musical rhythm of African origin*

guiño *wink*

H

ha supuesto un importante avance de cara a la planificación de la enseñanza de las lenguas *has represented an important advancement when faced with the planning of the teaching of languages*

hablante nativo *native speaker*

haciendo las gestiones *going through the process*

han armado ustedes no sé qué barullo *you have made such a big fuss*

harina *flour*

hartarse *to be fed up*

herramienta *tool*

los hogares están endeudados *households are indebted*

huella *footprint*

I

imparable *unstoppable*

imperan *rule*

imperio *empire*

imponer *to impose*

imprudencia *indiscretion*

índice de natalidad *birth rate*

indocumentados *illegal immigrants*

ingreso *income*

interferir *to interfere*

invertir *to invest*

J

jalar o halar *to pull*

jerga *jargon*

L

lacitos *ribbons*

lactantes *breast-fed children*

lanzar *to launch*

lealtad *loyalty*

una lengua dada *a given language*

lengua matriz *mother tongue*

levantaba en vilo de la cama *lifted her suspended above the bed*

libre comercio *free trade*

llegar con retraso *to arrive late*

llevarse a cabo *to take place*

logro *achievement*

logro educativo *educational achievement*

luces formando festón *garland*

luego o entonces *then*

lujoso *luxurious*

M

maldecir *to curse*

malva *mauve*

mando a distancia *remote control*

la mano que mece la cuna *the hand that rocks the cradle*

mantel *tablecloth*

más tarde *later*

más temprano *earlier*

las masas *masses (of people)*

material *subject; topic; theme*

me hermana *connects me*

mediante *by means of*

medidas *measures; measurements*

medios *means*

medir *to measure*

Menuda lagarta! *The little lizard!*

mercadotecnia *marketing*

merendar tapas *to have snacks*

mestizos *people of mixed Native American and European ancestry*

meta *goal*

los mismos ámbitos *the same areas*

mito *myth*

el modo de abordar *the way to treat*

las mujeres han superado sus ataduras excluyentes con el mundo doméstico, pero no han sido eximidas de esta responsabilidad *women have overcome exclusive ties to the domestic world, but they have not been excused from those responsibilities*

mulatos *people of mixed African and European ancestry*

N

negar *to deny*

no cabe duda de que *there is no doubt that*

no caber duda *to be without a doubt*

no obstante *nevertheless*

no puede darse nunca por concluido *can never be considered complete*

O

oficio *occupation*

oligarquía *oligarchy*

olvido *oblivion; forgetfulness*

opinar *to opine; to be of the opinion*

ostras *oysters*

otorgar *to give; to grant*

oxidarse *to rust*

P

padecer *to suffer*

palabrotas *bad words*

papeles *roles*

par *pair*

para no quedarse rezagado *to not be left behind*

parámetros *guidelines*

paro, desempleo *unemployment*

pecosa *freckled*

pedir disculpas *to beg pardon; to apologize*

perjudicado(a) *negatively affected; hurt; harmed*

pesado *jerk; bore; annoying person*

PIB (producto interno bruto) *GNP (gross national product)*

los pilares básicos en los que se asienta *the basic pillars on which rests*

plagio *plagiarism*

plurilingüismo *multilingualism*

poder actualizar sus conocimientos regularmente *regularly update his or her knowledge*

política *policy*

pone de manifiesto *makes clear*

poner sobre el tapete *returns to the front page*

por lo tanto *therefore*

por otro lado *on the other hand*

porfiando por escribir *trying to write*

potenciamiento *the empowerment*

preservar *to preserve*

presidencia *presidential candidate*

préstamo hipotecario *mortgage loan*

presupuesto *budget*

pretender *to claim to*

primero *first*

principiante *beginner*

procedencia *origin*

proceder de *to come from*

profesionales capacitados *trained professionals*

profesorado *faculty*

profundizar *to deepen*

promover *to promote*

propiciado *resulted in*

proponer *to propose*

proporcionar un conjunto de orientaciones *provide a set of orientations*

propuesta *proposal*

próximo *next*

puente *bridge*

pues *so*

el punto de partida *point of departure*

Q

que aborda en uno de sus apartados *that treats in one of its sections*

que conllevaría importantes consecuencias *which would lead to important consequences*

¡qué diablos! *what the hell!*

que guardan un vínculo más estrecho *that maintain the closest link*

que ha de guiarse dicha enseñanza *that should guide said teaching*

quedar en + infinitivo *to agree to do something*

quehacer cotidiano *everyday tasks*

R

raíces *roots*

raiz *root*

la raquítica estrechez del hogar doméstico *the oppressive limitations of housework*

rascacielos *skyscraper*

realizar *to bring into being or action*

receta *recipe*

reconocer *to recognize*

recursos *resources*

reilona *smiley*

remontándonos unos treinta años atrás, cabe reseñar *going back some thirty years, it is worth mentioning*

rentabilidad *profitability*

rentabilidad económica en todos los ámbitos *economic profitability in all environments*

resistir *to resist*

restos de tarta *leftovers of cake*

reto *challenge*

S

saberes *knowledge*

sabiduría *wisdom*

salarios *salaries*

se apela a la necesidad *appeals to the necessity*

se cree que *it is believed that*

se los tome en cuenta *to take them into account*

se puede concluir que *one can conclude that*

se trata de largos procesos históricos que alteran rutinas institucionales, valores y pautas culturales *that alter institutional routines, values and cultural patterns*

segundo *second*

sequir la pista *follow the hints*

significado *meaning*

(el día, la semana) siguiente *the following (day, week)*

sin embargo *however*

sin lugar a dudas *without a doubt*

sintetizan grosso modo *are roughly synthesized*

síntomas de retroceso y estancamiento *symptoms of backtracking and stagnation*

sintonizar *to tune in*

sistema judicial de los nasa *an indigenous nation*

sonajeros *rattles*

sonido *sound*

subscribirse *to join; to subscribe to*

superar *to overcome*

T

tabique muy fino *thin wall*

tambor *drum*

tapizados de espejo *covered in mirrors*

tasa *rate*

tejido *fabric*

temas de actualidad y del diario vivir *themes about present-day and daily living*

la tercera edad *old age; elderly*

tercero *third*

tesoro *treasure*

timidez *shyness*

TLC (Tratado de Libre Comercio) *NAFTA: North American Free Trade Agreement*

tobillo *ankle*

todos los renglones de la sociedad *all levels of society*

torpe *clumsy*

tramos de escaleras *flights of stairs*

U

una senda de crecimiento estable y suficientemente alta *a sufficiently high path of stable growth*

uno un poco de lío *one can get confused*

V

valer la pena *to be worthwhile*

variar *to vary*

ventas *sales*

verja de hierro *iron gate*

vestuarios *costumes*

vivencias *lived experiences*

vivienda *housing*

Índice

Créditos

● **Créditos de photo**

2: © Ellen McKnight/Alamy

16: © AP Photo/Ric Francis

20: © Gene Blevins/Corbis

26: Courtesy of Fundación Buenas Ondas/www.buenasondas.org

30: © joeysworld.com/Alamy

39: © Blend Images/Alamy

48: © Eitan Abramovich/AFP PHOTO/Getty Images

56: © George Doyle/Stockbyte Platinum/Getty Images

58: © Jack Hollingsworth/Photodisc Green/Getty Images

64: © The Thomson Corporation/Heinle Image Resource Bank

75: Courtesy of Carmen Jiménez

88: © The Thomson Corporation/Heinle Image Resource Bank

92: © The Thomson Corporation/Heinle Image Resource Bank

107: © J.l. Pino/EPA/Corbis

115: © Comstock Images/Jupiter Images

118: © The Thomson Corporation/Heinle Image Resource Bank

133: © The Thomson Corporation/Heinle Image Resource Bank

138: Courtesy of María Silvina Paricio Tato

153: © The Thomson Corporation/Heinle Image Resource Bank

156: © The Thomson Corporation/Heinle Image Resource Bank

172: © The Thomson Corporation/Heinle Image Resource Bank

184: © The Thomson Corporation/Heinle Image Resource Bank

● Créditos de texto

23–24: "No speak English" from LA CASA EN MANGO STREET. Copyright © 1984 by Sandra Cisneros. Published by Vintage Español, a division of Random House, Inc. Translation copyright © Elena Ponia-towska. Reprinted by permission of Susan Bergholz Literary Services, New York. All rights reserved.

26–28: "Los americanos." Lyrics and music by Alberto Cortez. Courtesy of Alberto Cortez. Reproduced by permission.

51–54: Bayly, Jaime. Los amigos que perdí. Lima: Santillana, S.A., 2000. (11–16). Courtesy of Santillana, S.A. Reproduced by permission.

81–83: "Un canto a la diversidad," Revista Semana. Courtesy of RE-VISTA SEMANA. COLOMBIA. DERECHOS RESERVADOS.

110–113: Martín Gaite, Carmen. "Uno: Datos geográficos de algún interés y presentación de Sara Allen." Caperucita en Manhattan. Madrid: Siruela, 2004. 35–42. Courtesy of Editorial Siruela S.A. Reproduced by permission.

141–151: Paricio Tato, María Silvina. "Dimensión intercultural en la enseñanza de las lenguas y formación del profesorado." Revista Ibero-americana de Educación 34.4 (10/12/04), http://www.rieoei.org/didactica7.htm. Courtesy of María Silvina Paricio Tato. Reproduced by permission.

179–185: Caro Gil, Raquel. "Diferencias de género en América Latina y el Caribe en el siglo XXI: La mujer y su incorporación al mercado de trabajo." José Manuel Sáiz Álvarez y Francisco Javier del Río Sánchez, Directores. La economía latinoamericana en la globalización: Perspecti-vas para el siglo XXI. LibrosEnRed, 2004 (321–330). Courtesy of José Manuel Sáiz Álvarez and Francisco Javier del Río Sánchez. Reproduced by permission.

● Créditos de audio

Track 2: "Los americanos." Performed by Piero. "Coplas de mi país," 1972, Estudio CBS/Facultad de Medicina. Courtesy of Piero. Repro-duced by permission.

Track 4: "La crónica de Ernesto McCausland: El racismo en Colombia," Ernesto McCausland. Radio Caracol, 04/15/2005, http://www.caracol.com.co/realarchi.asp?id=167279. Courtesy of Ernesto McCausland. Reproduced by permission.